Toi et moi, on s'appelle par nos prénoms

Marc Lavoine et Driss El Kesri

Toi et moi, on s'appelle par nos prénoms

Le Papotin, livre atypique

Fayard

Pour en savoir plus sur *Le Papotin*,
découvrir tous les textes
parus dans la revue
ou vous abonner, rendez-vous sur le site :
www.lepapotin.org

Couverture : conception graphique © Cheeriparis,
photos © Sylvie Lancrenon

ISBN : 978-2-21366-247-3

« Je vous propose une expérience. Glissez-vous dans un de vos rêves les plus bizarres ou les plus répétitifs, n'importe lequel, celui qui vous ressemble le plus, mais dont, pour une raison inconnue, vous ne pouvez parler à personne [...]. Puis remontez à la surface et écoutez ceux qui parlent autour de vous, tout en vous efforçant de rester fidèles à la scène du rêve. Vous entendrez alors des paroles singulières, celles-là mêmes qui vous paraissaient auparavant inaudibles ou illogiques [...]. Des mondes nouveaux s'ouvriront à votre écoute, pénibles ou enchantés, ni normaux, ni handicapés, une éclosion de surprises, le monde en train de devenir polyphonie, résonance de logiques différentes et cependant compatibles, le monde enfin rendu à sa pluralité. [...] Ainsi entendu, Le Papotin *réussit là où le lien social échoue : à faire résonner le singulier. »*

Julia Kristeva, mars-avril 2002

Rencontre avec Jean-Claude Perrier, écrivain et éditeur (juin 1998) :

Jean-Claude Perrier : *Que pensez-vous de l'idée de faire un livre sur* Le Papotin *?*

Driss : *Qu'est-ce qu'on mettrait dedans par exemple ?*

Arnaud : *Ah ! Que Henri Salvador s'achète une 406.*

Carole : *Bof, ça n'intéresserait personne.*

Jean-Claude Perrier : *Au contraire, je crois que* Le Papotin *intéresse plein de gens, les beaux textes, les histoires.*

Driss : *Propose un titre.*

Arnaud : *« J'ai tutoyé un sénateur. »*

Entendre les arbres pousser

Marc Lavoine,
propos recueillis par Jean-Pierre Lavoignat

Bien sûr, il s'agit d'abord de laisser une trace. Une trace de ces vingt ans qui viennent de passer. Vingt ans de rencontres, d'émotions et de moments partagés. Vingt ans, surtout, de création, de liberté, de libertés d'expression, d'inventions poétiques. Tout ce chemin parcouru... Mais faire un livre, c'est aussi donner un signe fort qu'on pense, qu'on aime, qu'on souffre, qu'on s'interroge, qu'on invente. C'est apporter la preuve de son existence. Pour ces jeunes autistes, auteurs des textes réunis ici, être placés sur les étagères des librairies, à côté des autres livres, c'est être mis en place dans la vie quotidienne, c'est être installés dans la société ordinaire, c'est être reconnus. C'est exister.

Œuvre collective, née de 34 numéros du *Papotin*, journal que cette association culturelle de jeunes autistes fait vivre depuis vingt ans, grâce à Driss El Kesri, quasiment sans moyens, au seul rythme de leur inspiration et de leurs rencontres, ce livre est la preuve tangible de quelque chose qui sert à avancer, à être ému, à regarder la vie autrement, peut-être même à devenir différents, voire meilleurs. La littérature a-t-elle finalement un autre objet ? Quand quelqu'un dit au jeune autiste qu'il est bouleversé par la phrase qui ouvre son texte, « Je suis né un jour bleu », comme par un vers de Prévert, le jeune homme, qui se sent trop souvent comme un poids lourd au fond du sac de ses parents, n'a pas, alors, le sentiment d'être considéré uniquement par son symptôme, par ses particularités, mais pour son talent, pour sa puissance de création. C'est pourquoi il était important que ce livre existe. Pour donner à ces jeunes autistes ce qu'on ne leur a jamais accordé : la possibilité d'être des artistes. Des artistes et non plus des patients. On peut dire d'ailleurs – le mot est bien choisi… – que pour patienter, ils patientent ! Ils sont dans une salle d'attente depuis des années, espérant la mise en œuvre de ces mesures qu'on leur promet depuis longtemps et qui arrivent au compte-gouttes, en ce qui concerne leurs problèmes de logement, de travail…

Je ne suis pas éducateur, je ne suis pas psychiatre, je n'ai pas de légitimité à dénoncer leurs situations ou à revendiquer leurs droits. Mais j'ai envie qu'on porte un nouveau regard sur eux. Je suis persuadé qu'en se passant de plus en plus de ces gens-là, on est en train de rater la société de demain. Je sais que, quand ils s'expriment, eux qui ne sont pas dans nos normes, une véritable liberté s'échappe de leurs textes, de leurs réflexions, de leurs dessins. Une vraie poésie. Comme un cadeau. Lorsque j'ai découvert *Le Papotin*, ce qui m'a frappé, c'est ce que j'y ai lu. Ce livre en donne un aperçu. Avec sa publication, un nouveau chapitre de cette histoire, de *leur* histoire, qui m'a bouleversé il y a vingt ans, vient donc de s'ouvrir. Et si elle m'a bouleversé, moi, il n'y a pas de raison qu'elle n'en bouleverse pas d'autres…

C'était au tout début des années 1990, je tournais le clip de ma chanson « Paris » avec Costa Kekemenis. On a passé une semaine à travailler ensemble, en roulant toute la nuit dans les rues de la capitale. Trois journaux traînaient sur la plage arrière de sa voiture. J'ai fini par les regarder. Les trois premiers numéros du *Papotin*. Howard Buten est le créateur du clown Buffo, dont l'univers n'est pas très éloigné du leur – il travaille d'ailleurs avec eux depuis des années. Puis je lis l'interview de Dussollier : « André, est-ce que tu aimes te laver les dents ? », « Est-ce que tu aimes te rincer la bouche ? », « Est-ce que tu aimes te réenvelopper ? » Je lis l'édito sur Carax : « Leos Carax est beaucoup plus sympathique qu'Alain Delon. Alain Delon ne viendra jamais au *Papotin* prendre un sandwich… » Ailleurs, je tombe sur cette phrase : « La seule raison pour laquelle je pourrais trouver Hitler rigolo, c'est qu'il ressemble à un éclair au chocolat »… Je n'en reviens pas de ce que je lis, de ce que je vois. Ça ne ressemble à rien de ce que je connais. Y compris dans la manière dont le journal est mis en page – ça part dans tous les sens avec des couleurs, des illustrations incroyables. Un objet non identifié d'art contemporain. Entre le surréalisme et le pop art.

Avec une structure qui a l'air aussi compliquée que celles de Dubuffet ou aussi foisonnante que celles de Gaudi et qui tient debout ! Un choc poétique. Je crois que, depuis mes lectures de Prévert, d'Alphonse Allais ou de Jules Renard, je n'ai pas eu le sentiment d'une telle liberté, d'une telle invention. Et qui, en plus, résonne profondément en moi, comme si ça touchait quelque chose d'enfoui, comme si ça rouvrait des portes fermées… Je dis à Costa : « C'est magnifique, qui a écrit ça ? » Il me répond avec son accent grec : « Des personnes autistiques. » Et il ajoute : « Ma femme travaille là-bas, mais ça va s'arrêter parce qu'ils n'ont plus d'argent, tu ne peux pas faire quelque chose ?» C'est comme ça que tout a commencé.

En fait, mon histoire avec eux avait débuté bien avant. Car le plus étrange, c'est qu'à cette époque, *Le Papotin* était fait à l'hôpital de jour d'Antony, près de Wissous, la ville où j'ai grandi. Une banlieue tranquille au sud de Paris, dans l'Essonne, juste secouée par les allers et retours des avions d'Orly. Enfant, j'avais la panoplie du garçon normal, mais le soir, je laissais la fenêtre ouverte et, dans mon lit ou assis dans un carton qui devenait un navire au milieu de ma chambre aux allures d'océan, j'écoutais les avions, je me balançais d'avant en arrière, je fredonnais, et ça me donnait des frissons. Quelques années plus tard, adolescent, je prenais le bus tous les matins pour aller au collège et je remarquais, assis dans le fond, les autistes et les jeunes handicapés qui se rendaient à l'hôpital de jour d'Antony. Je les voyais se balancer, eux aussi, d'avant en arrière. J'étais content, ça me rassurait. Comme s'ils n'avaient jamais quitté leur navire imaginaire, ni leur enfance. C'était comme une lumière, comme un souffle qui venait déranger l'ordre des choses. Pour cette liberté, j'avais envie d'aller les embrasser. Je n'ai même pas osé leur adresser la parole. Et voilà que le hasard faisait à nouveau se croiser nos chemins.

J'ai d'abord été interviewé par eux – un entretien qui m'a profondément touché et troublé. Peu de temps après, à l'occasion d'une émission de Patrick Sabatier pour TF1, on m'avait donné une sorte de carte blanche. J'avais envie de parler de quelque chose que peu de gens connaissaient et qui était artistiquement bouleversant : *Le Papotin.* C'est Marc-Olivier Fogiel, à l'époque assistant de Sabatier, qui était responsable de ce reportage. Il nous a laissés entièrement libres et a même imposé à son équipe ce petit film de quelques minutes qui n'était pas du tout dans le style de la chaîne : une séance de travail du *Papotin* filmée au ralenti, avec des fragments de dialogues et une voix off ! Cette émission a lancé *Le Papotin.* On était bien sûr ravis de cet acte de générosité spontané qui avait permis de relancer le journal, mais en discutant avec Driss et avec Gilles Roland-Manuel, psychiatre et chef de service à l'hôpital de jour d'Antony, on s'est dit que c'était la première et dernière fois qu'on faisait appel à la générosité des gens. Désormais, on allait se concentrer sur la dimension artistique du projet, sur l'écriture, et mettre cela en avant. C'était le seul moyen d'en sortir vivants, de ne pas être attachés à des institutions, à des intérêts. Notre but n'est pas de culpabiliser les gens pour leur demander de l'argent, mais d'exister par notre projet artistique. D'ailleurs, lorsqu'on a fait plus tard « Le Cercle de minuit » de Michel Field sur France 2, où étaient invités les « journalistes » du *Papotin*, les gens ont téléphoné pour savoir où ils pouvaient trouver les livres de « ces jeunes écrivains qu'ils avaient vus et entendus à la télé » ! Il y a eu d'autres émissions... Michel Drucker, la radio, etc. Chaque fois, on parlait du travail d'écriture des jeunes. C'est là qu'on a pris conscience du phénomène *Papotin*. Tous ces animateurs étaient touchés pour les mêmes raisons que moi. Par la dimension artistique et créative de cette aventure singulière. Comme moi, en entendant ces jeunes raconter leur vie, leurs déchirures, ils prenaient une sacrée claque. Il y a de la douleur certes, mais jamais de haine, c'est ce qui est extraordinaire.

C'est ainsi que, sans l'avoir décidé, je suis devenu le « parrain » du *Papotin*. Évidemment, je ne m'occupe pas d'eux, je n'ai pas avec eux de rapports – médical, psychiatrique ou intellectuel – comme peuvent en avoir Driss ou Moïse Assouline et les équipes des hôpitaux de jour d'Antony et de Paris. Je ne fais que mettre des gens en rapport les uns avec les autres, que faciliter des rencontres. Une sorte de mise en scène du hasard ou du calendrier. Avoir un tel objectif, ça vous donne de l'audace parce que ce n'est pas pour vous que vous demandez les choses. J'ai articulé la communication, j'ai activé les passerelles vers les musées, les spectacles, le cinéma, les artistes. On connaît tous quelqu'un qui connaît quelqu'un qui connaît quelqu'un... Ça crée un réseau. Il y a aussi le bouche-à-oreille. Les copains se sont donné le mot. Des attachés de presse ont invité les jeunes aux projections privées, d'autres au théâtre, d'autres aux festivals de rock, y compris au Canada ou aux États-Unis.

Ils ont rencontré beaucoup de monde... Barbara (elle avait elle-même demandé à venir), Philippe Caubère, Camille, Jean-Jacques Goldman, Stéphane Hessel (trois ans avant qu'il publie *Indignez-vous !*, ils étaient en avance sur tout le monde !), Mireille Mathieu, Jean Roucas, Renaud, l'évêque de Lille, Bertrand Delanoë, Maxime Le Forestier, Dominique de Villepin, Carla Bruni, Philippe Starck et plein d'autres, plein d'autres. Même Jacques Chirac, alors président de la République ! Des gens qui ne sont pas tous d'accord entre eux mais qui, une fois qu'ils ont été interviewés pour *Le Papotin*, sont tous d'accord sur une chose : l'effet que ça leur a fait ! Ces interviews ne ressemblent à aucune autre. La parole y est libre. Le tutoiement est de rigueur. « Toi et moi, on s'appelle par nos prénoms[1]. » Les jeunes n'ont aucun tabou, aucun interdit. Et toutes les audaces. Face à ces questions pour le moins inattendues, on ne peut pas tricher, sauf à se mentir à soi-même. Face à eux, il n'y a pas de rôle à jouer. Il faut juste être authentique. Une fois, un navigateur qui était prévu n'est pas venu. Les jeunes ont dit : « C'est normal, on com-

1. *C'est également le titre du documentaire de Juliette Bot, diffusé sur France 3, le 3 avril 2011 pour célébrer les 20 ans du* Papotin.

prend très bien. C'est beaucoup plus difficile de venir au *Papotin* que de traverser l'océan ! » La douleur de la déception ne dure pas. En revanche, le bonheur d'une rencontre réussie perdure. Moi, je le ressens encore. Depuis vingt ans.

Il y a des magazines qu'on achète dans la rue pour le symbole, pour se donner bonne conscience, mais qu'on ne lit pas. *Le Papotin*, on le lit. On suit les personnages, on les retrouve d'un numéro à l'autre, on lit leurs textes, on rit avec eux, on souffre parfois avec eux et, en même temps, on ne cesse de s'interroger. Sur soi, sur ses certitudes, sur le monde. Nous, on a – ou on nous a mis – des verres correcteurs pour appréhender la vie, l'amour, la mort. Pas eux. Si bien qu'on se demande parfois si ce ne sont pas eux qui voient mieux ! Il y a dans leurs textes une grâce artistique évidente. C'est comme s'ils avaient accès, au-delà de notre logique, à des moments de pensée, des éclairs de lumière, absolument extraordinaires. Il y a des langages chaque fois uniques, différents, renouvelés et surtout beaucoup d'humour, beaucoup de rires. Ils ont tous un domaine de prédilection et quand on leur donne les moyens et le temps de se révéler, ça change tout.

Driss n'y est pas pour rien bien sûr, qui incarne la ligne éditoriale et maintient l'exigence du groupe. Mais cela tient aussi à la manière dont fonctionne le groupe. Je le vois et j'en profite : *Le Papotin*, ce n'est pas seulement des personnes en difficulté qui écrivent, c'est un groupe de gens solidaires dont certains vivent ensemble depuis plus de vingt ans. J'ai toujours été frappé par la courtoisie qui y règne, et pourtant le groupe est mouvant. En vingt ans, certains sont partis, d'autres sont arrivés, venant de différents centres autour de Paris. Tous se retrouvent aux réunions de rédaction du mercredi qui ne se déroulent plus à Antony mais à Paris. Au Théâtre du Lucernaire. Leur salle s'appelle Le Paradis, elle se trouve tout en haut. Il faut la mériter. Ce n'est pas anodin d'organiser une conférence de rédaction avec des autistes au cœur d'une ville. C'est pendant ces réunions du mercredi qu'est reçu le traditionnel invité, que les jeunes proposent des textes, que s'échafaude le sommaire... Ils chantent, ils partagent, ils échangent. Une poche d'humanité – qui montre que l'approche est juste.

La rencontre, en janvier 2002, avec Jacques Chirac a, bien sûr, été un sommet de la vie du *Papotin.* Il a quand même reçu à l'Élysée treize personnes pour une interview d'une heure, suivie d'un buffet et d'une séance photos, alors qu'il y avait des réunions de travail partout autour ! On était flattés. C'était la première fois qu'un président en fonction recevait dans son bureau des jeunes sinon extraordinaires, en tout cas pas ordinaires, pour discuter tranquillement, sans protocole. Pour ces jeunes qui souffrent souvent d'un manque de considération, c'était un signe fort – et même, pour ceux qui travaillent avec eux à longueur d'années, une belle victoire. Serrer la main du président de la République, cela voulait dire haut et fort : l'État reconnaît les autistes comme des personnes avec qui parler. Pour eux, pouvoir dire : « Aujourd'hui, j'ai rencontré le président de la République », ça les remet au centre du jeu. Ils le savent bien. C'était une interview très profonde et qui, en même temps, glissait comme de l'eau fraîche.

Autres moments forts : les interviews, dans le studio de RTL, de douze femmes célèbres, pour fêter les 20 ans du *Papotin* et servir de fil rouge au documentaire qui accompagne cet anniversaire. Quand j'y repense, j'ai envie de me marrer, tant le défi était grand et le pari risqué. Il y avait Ségolène Royal, Mazarine Pingeot, Fadela Amara, Justine Lévy, Rama Yade, Roselyne Bachelot, Simone Veil, Marie-George Buffet, Cécile Duflot, Zazie, Valérie Lemercier, Marie-José Pérec. Pendant deux jours, elles sont venues à tour de rôle répondre aux questions des jeunes. Sans tricher. Surtout, elles sont toutes sorties avec autant de larmes que de sourires. Je suis sûr qu'elles n'étaient pas tout à fait les mêmes après. Quand j'ai entendu les rires émerveillés de ces femmes, j'ai su que ces rencontres étaient réussies et quand, lors d'une réunion avec les jeunes au Lucernaire, j'ai compris ce qu'ils en avaient retenu, j'ai été bouleversé. Ils avaient tout compris. Chaque fois, il y a cette sensation d'être pris dans une vérité qui est plus grande que soi.

Il ne faut pas croire que cette implication des uns et des autres, moi compris, n'est que pur désintéressement. Moi, c'est clair, je ne fais pas que donner, je prends beaucoup. Je ne fais pas ça pour les autres, je le fais en grande partie pour moi. Donner c'est important, mais prendre l'est tout autant. Je l'ai appris avec eux. Le plaisir de prendre est très valorisant pour celui à qui l'on prend parce que ça lui renvoie l'image de quelqu'un qui a quelque chose à donner. J'ai vu des gens se faire renvoyer en touche parce qu'ils étaient à côté de la plaque, ou qu'ils n'avaient pas pris la bonne vague, ou qu'ils donnaient ce sentiment insupportable de jouer aux « bienfaiteurs humanitaires ». Toute rencontre avec eux est forte. Tout ce que j'ai pu lire, ou vivre en direct avec eux, est une aventure. Chaque fois, c'est Alice au Pays des Merveilles ! On part dans un monde qui n'est ni tout à fait le nôtre, ni tout à fait un autre. Peut-être que ce que je ressens de plus fort quand je suis avec eux, c'est de retrouver les questions d'origine… Quand j'étais enfant, je parlais avec mes soldats… Et puis un jour, je n'ai plus eu le droit de le faire. Grâce au cinéma, à la littérature, à l'art contemporain, des gens vous donnent d'une certaine manière l'opportunité de le refaire. Eux, c'est exactement ça. Avec leur façon d'écrire, de raconter les choses, ils me ramènent à cette licence. La permission de revenir à ce qu'on était. Au fond, ce qui ressort de leur travail, c'est l'éclairage qu'ils donnent sur ce que nous sommes et le monde dans lequel on vit, c'est cette valorisation de la nature humaine – alors que notre société en tient si peu compte ! *Le Papotin* est comme une petite piqûre de rappel. Ne serait-ce que parce que notre société n'utilise pas la capacité des gens à vivre ensemble et à former une chaîne de solidarité où chacun apprend de l'autre.

Ce que ces jeunes m'apportent dans le quotidien, c'est leur science de la vie, leur philosophie, leur capacité d'aimer, malgré l'ignorance des autres. Ils nous apprennent aussi à être heureux, à ne pas oublier qu'on a un cœur qui bat, à ne pas vivre seulement par réflexe. Si je passe la journée avec eux et que le soir, j'ai une soirée professionnelle, j'ai le sentiment d'avoir à ce moment-là, et grâce à eux, une force extraordinaire. Grâce à eux, j'ai ouvert les yeux sur beaucoup d'autres choses. Sur l'éducation, sur l'illettrisme, sur la psychiatrie, sur le handicap… Je leur dois beaucoup. D'avoir eu accès à des luttes parallèles qui se ressemblent, qui ont un lien entre elles et finissent, mine de rien, par concerner une frange importante de la population. De pouvoir participer, à mon niveau, à une aventure collective qui réunit des gens d'horizons très différents, concernés par toutes les discriminations et qui font des plans pour l'avenir, menant ces combats avec intelligence et douceur… Tout ça à partir d'un petit journal qui paraît une à deux fois par an !

Ce qui est importe aujourd'hui, c'est l'avenir : que va-t-il se passer après ? que va-t-on faire avec cet outil de plaisir – et de travail – qu'est ce livre ? Il y a un proverbe africain que j'aime beaucoup : « On entend l'arbre qui tombe mais on n'entend pas la forêt qui pousse. » *Le Papotin*, ce livre, et tout ce qui va advenir grâce à lui, c'est le meilleur moyen d'entendre les arbres pousser…

Ces diseurs atypiques

Driss El Kesri

Fabrice, jeune Papotin des premiers temps, répétait souvent : « Il faut aider le lecteur ! » Fidèle servant de l'entreprise « Papotin », j'ai gardé cette injonction en tête à chaque conception de numéro, et je l'entendais chaque fois différemment. C'est veiller à plus de lisibilité, c'est mettre plus de lumière, donner plus de caractère... Le résultat, pour les amateurs que nous sommes, est que chaque numéro est une « création », ne serait-ce que par l'arrivée de nouveaux rédacteurs qui impriment leur trace originale dans cet espace. Mais la « griffe » Papotin reste intacte depuis sa création en mai 1990.

C'est tout naturellement donc que je pense à « t'aider », cher lecteur, à entrer dans ce livre et à retrouver dans un autre ordre les mots que ces diseurs ont semés depuis vingt ans dans la trentaine de numéros de leur journal atypique.

Ces auteurs sont les personnages les plus singuliers qui puissent exister. Ils ne se donnent pas un genre, ils sont tout entiers à leur dimension de héros tragiques… à l'étroit dans le canevas quotidien de leur existence. Ce sont des graines de Don Quichotte aux gestes amples et pleins de délicatesse.

Je me promène parmi eux ramassant leurs mots justes et confondants, et je les mets dans de jolis habits pour les présenter aux lecteurs. Je n'oublierai jamais cette jeune fille du premier numéro, serrant le journal contre sa poitrine et le désignant, se désignant : « C'est moi ! » clamait-elle, et moi, fier d'avoir contribué à ce prototype de haute couture, me disant en moi : « C'est moi ! » Tout au bonheur d'avoir, ensemble, confectionné cette chose dans laquelle on se reconnaissait. J'aurais pu sauter en l'air, comme l'a fait Johann, un autre Papotin, à l'issue d'un récital qui l'avait emmené loin, très loin, et crier : « Ça y est, j'ai trouvé mon métier d'avenir ! (Et après un silence :) je serai spectateur de galas ! » C'est, à quelque chose près, mon cri de joie récurrent. Les comités de rédaction du mercredi matin sont depuis plus de vingt ans mes « galas ».

Brève genèse : il fallait, pour porter ces mots, trouver le bon messager. J'avais essayé d'intéresser mes proches au produit de mon glanage et à la singularité de « mes » jeunes. Après un accueil poli, on passait très vite à autre chose. Je me faisais l'effet d'apporter du boulot à la maison. Je n'étais pas audible. « Aucun n'est prophète chez soi », a dit avec raison ce bon La Fontaine. Il fallait donc trouver quelqu'un de l'extérieur pour devenir ce messager. Quelqu'un qui serait sensible à cette originalité. Quelqu'un qui n'aurait pas besoin d'« exégète » pour comprendre ces accords arpégés. Le passeur serait un artiste. Un artiste qui connaîtrait ces Papotins faiseurs de mots.

Le premier fut Howard Buten, qui a un don d'ubiquité avéré : il est pleinement là et totalement ailleurs. Dedans et dehors. C'est une des rencontres les plus heureuses du *Papotin*. Son interview, commencée en 1990, perdure encore en 2011. Esther, notre portraitiste papotine, se pose encore la question : « Est-ce que Howard est noir comme moi ? » Quoi qu'il en soit, il est celui qui a fait sortir *Le Papotin* pour le faire entrer chez vous – et chez moi. Il est devenu, comme Marc Lavoine peu après, notre familier, celui qui vient chez nous, chez lui, seul ou en compagnie.

André Dussollier apporta au deuxième numéro sa gentillesse, son élégance et sa sympathie. Avec lui, on est passé du noir et blanc à la monochromie. Toute la couleur vint avec Leos Carax au troisième numéro. Alors que son film, *Les Amants du Pont-Neuf*, venait de sortir et que les médias se l'arrachaient, il avait dédaigné tous les plateaux, télé, radio, et les journaux, et avait demandé à rencontrer *Le Papotin*. Il avait même accepté de figurer dans un reportage sur notre journal que filmait une équipe de FR3 et a soutenu généreusement la parution du *Papotin* pendant des années.

Et puis vint Marc Lavoine. Et avec lui, *Le Papotin* prit une autre dimension. Marc devint pour nous un véritable VRP. Il se démena, le fit connaître dans les médias, créa un véritable pont entre le journal, ses rédacteurs et le monde des artistes comme, plus tard, celui des politiques. Les passerelles se mirent allégrement en place dans les deux sens. Ce fut le départ de tout un programme de sorties culturelles, de reportages, de rencontres qui alimentent depuis nos colonnes et qui nourrissent notre esprit.

La ligne éditoriale qui s'est dessinée à partir du deuxième numéro s'imposa assez nettement à partir du numéro quatre, et elle reste inchangée. Un rendez-vous est verrouillé depuis plus de vingt ans maintenant : les mercredis, de 10 heures à midi, réunion du comité de rédaction du *Papotin*. Le rituel a démarré dans une petite salle de l'hôpital de jour d'Antony et se poursuit depuis plus de douze ans à l'espace d'art et d'essai Le Lucernaire, à Paris. Une constante de ces rendez-vous hebdomadaires : la gaîté. Quels que soient les sujets abordés, le rire est présent. Un rire « bon enfant », en cascade, sans le moindre soupçon d'agressivité. Cette gaîté est l'ingrédient principal de notre conférence de rédaction. On y vient par plaisir. Plaisir de déposer quelque chose : un texte préparé dans sa tête, un texte écrit, un texte relevé dans un journal… Plaisir de prendre ce qui est donné à entendre. Plaisir de s'exprimer librement. Chacun a sa « spécialité », son genre, son style, sa présence, sa musique, ses formules. Personne ne singe personne. Réel plaisir de se retrouver ensemble, réel plaisir de recevoir ceux qui nous rendent visite, célèbres ou pas célèbres.

Nous avons construit en vingt ans un espace des plus rassurants grâce à la constance du lien et à la régularité des actions. On sait la valeur que cela revêt pour tout un chacun, et plus particulièrement pour les personnes souffrant d'autisme. Quand on a commencé à recevoir des invités au *Papotin*, on leur demandait systématiquement s'ils reviendraient le mercredi suivant. Arnaud n'aimait pas les « choses qui n'arrivent qu'une fois ». Petit à petit, cette « crainte » s'est estompée. La fidélité de l'équipe accompagnante y est pour beaucoup.

Le lien se consolide continuellement par le partage de moments extraordinaires. Et il y en a eu beaucoup. Un film, un spectacle, un concert, c'est vivre des émotions intenses, des moments magiques, à la façon qu'ont les Papotins d'absorber l'œuvre artistique, pleinement, sans filtre. Les voyages et les reportages des Papotins ont révélé des facettes inouïes de leur personnalité. Les moments forts sont souvent d'une grande drôlerie. En voici un, resté dans mon souvenir auréolé d'une grande douceur. C'était un après-midi, chez la chanteuse Barbara. On finissait de prendre un goûter qu'elle nous avait préparé. Assise à son grand piano noir, elle demande à Arnaud : « Arnaud, veux-tu que je te chante une de mes chansons ? » et Arnaud de répondre très poliment : « Non merci, par contre, est-ce que je peux aller voir les draps dans lesquels tu dors ? » et Barbara de répondre de sa belle voix de Barbara, très doucement : « Bien sûr, Arnaud, tu peux ! »

Les Papotins ont une façon de dire ce qu'ils sentent, ce qu'ils ressentent, le plus naturellement du monde, sans artifice, sans que cela paraisse ni agressif, ni intrusif. Et ils obtiennent en retour des réponses sincères aux questions qu'ils posent. Aux premiers temps, mes préjugés furent malmenés et j'ai fini par remiser mes a priori. À l'évidence, *Le Papotin* fait ressortir le plus beau profil des personnalités qu'il rencontre – et peut-être aussi, espérons-le, des lecteurs qui s'y plongent.

*

L'anthologie en forme d'abécédaire qui va suivre rassemble des extraits de textes, poèmes, récits, chansons écrits par les jeunes du *Papotin*, ainsi que des extraits des interviews de personnalités de tous horizons qu'ils ont rencontrées au cours des vingt années d'existence du journal.

A

Amour

C'est quoi l'amour ?

François B. : C'est quoi l'amour, Madame Carole ?

Carole : Ça ne dure pas ! Ce n'est que de l'hypocrisie, du cinéma ! C'est écœurant ! Ce n'est que des larmes de crocodile. C'est des romans Harlequin ! C'est du porno !

Florent : C'est le plus beau sentiment humain.

Laurent : L'amour, c'est quelquefois de belles années.

Arnaud : L'amour, c'est quand l'homme et la femme se glissent dans un lit.

Alexandre : L'amour est un sentiment qui, entre guillemets, « fait tourner la tête ».

Stéphane : C'est quand deux personnes s'embrassent en cachette.

François B. : Et alors il n'y a personne pour les surveiller, ils vont faire un bébé !

Stéphane : L'amour, c'est quand personne ne voit !

Laurent : L'amour fait danser !

Thomas : L'amour, c'est des bisous.

Carole : Eh bien ! Bon appétit.

Emmanuelle : C'est le sentiment que portent les parents à leurs enfants.

Florent : L'amour, c'est des chansons.

Carole : En chanson, c'est de l'hystérie !

Paule : C'est quand on embrasse toute la bouche nue et que ça rend muet.

François B. : Alexis, c'est quoi l'amour ?

Alexis : Je ne sais pas.

François : L'amour, c'est ça : ça se parle entre copains.

Collectif, juin 1999

★

Amour et tolérance

Alexandre : Trois solutions par rapport à une baffe :

– soit tu lui redonnes une baffe ;

– soit tu es rancunier, tu fous le camp et tu ne lui parles plus ;

– soit on tolère, à condition qu'il ne recommence pas !

Ronald : C'est l'amour, ça !

Collectif, mars 2005

★

Les hommes et les femmes

Les hommes, ça sert à quelque chose. Ça sert à travailler. Les hommes sont plutôt du genre physique. Les hommes sont romantiques.

Les femmes, il y en a du côté de la douceur, il y en a du côté du déshabillement.

Les femmes, elles ont ce que les hommes n'ont pas. Les seins, ils n'en ont pas les hommes.

Les femmes sont des êtres humains : elles bougent aussi. Elles marchent même, circulent en voiture. Prennent les transports en commun.

Les femmes sont des femmes. Elles ont peur. Elles ferment la porte à clef.

Elles font un régime. Elles veulent beaucoup d'enfants.

Elles portent des collants. Veulent séduire. S'épilent régulièrement.

Les femmes savent marcher sans canne.

Les femmes ne se réveillent pas au lit, elles dorment devant la télé.

Éric, décembre 1992

Antony

Eux
Nous
Des visages.
Dire
Redire
Les face-à-face
Rire
Des poèmes du mercredi
Avec Marc Lavoine.
À Antony
On n'est pas fous
Face à face.

Robert, mai 2000

*

Lettre de Jean-Jacques Goldman aux Papotins, décembre 1992

Bref, je suis allé à Antony, comme on va visiter une frontière, histoire d'approcher celle de la norme et probablement histoire de m'y situer.

Impressions quelques mois après ?

Une atmosphère paisible, plutôt gaie. Un havre. Comme ces endroits où se réunissent les minorités : pub irlandais à Paris, café à Tokyo, mosquée à Prague.

Sauf qu'ici, chacun est de son propre monde.

C'est le lieu de réunion des mondes différents et singuliers, agressés au-dehors, vulnérables, fragiles.

Comble du pouvoir de l'imagination ? non ? Se bâtir son propre univers parce que l'autre, le « vrai », ne convient pas.

Imparable.

Ici, chacun cherche le commun dénominateur, l'espéranto possible pour communiquer, les quelques lois essentielles pour pouvoir coexister, et au lieu de te demander le nombre de tes disques d'or, on te demande si tu tutoierais des gens âgés s'ils l'acceptaient… ça change… et ça se discute.

Artistes

Rencontre avec Camille, chanteuse (janvier 2010)

Thomas D. : Qu'est-ce que vous chantez comme chansons ?

Camille : Je chante tout ce qui me vient par la tête, je chante des chansons que j'écris et des chansons qui me viennent comme ça, sans réfléchir, et des chansons que d'autres ont écrites. Je chante... beaucoup de chansons différentes.

[...]

Yohan : Est-ce que la Banque Populaire vous attire ?

Camille : Je crois que j'ai un compte à la Banque Populaire, que j'ai un peu d'argent là-bas.

Yann : T'es actrice ?

Camille : Actrice. Je pense qu'on est tous des comédiens. Comme dit Shakespeare : « Le monde est un théâtre. » Donc moi, je pense que je suis comédienne.

Yann : Une comédienne de la chanson ?

Camille : Je pense qu'être chanteuse, c'est un peu un jeu de rôle. D'avoir un micro, d'être au milieu de la scène de faire : ah la la. C'est un peu un rôle.

[...]

Grégory : Et ton public, il t'applaudit ?

Camille : Oui, il m'applaudit.

Grégory : Est-ce que vous travaillez à la Poste ?

Camille : Je fais la queue de temps en temps à la Poste.

Alexandre : Quand vous ne chantez pas, quelles sont vos autres activités ?

Camille : Je m'étire, je prends ma douche. Je fais un peu de piano, je chante. Je me brosse les dents. Des fois, je fais des bisous à des garçons ou à mon petit neveu, je caresse mes chats. Je fais la cuisine, je mange... Je danse, j'adore danser, je danse beaucoup. Je prends des cours. Qu'est-ce que je fais d'autre de ma vie ? J'aime beaucoup parler, je parle beaucoup.

Thomas D. : À qui, par exemple ?

Camille : J'aime bien parler aux autres.

Raphaël : On va parler de choses plus intéressantes pour ceux qui lisent le journal. On va pas écrire : on a mangé, on prend sa douche, des choses comme ça.

Camille : Moi, je trouve ça passionnant de prendre sa douche.

Raphaël : Mais est-ce que c'est intéressant de l'écrire ?

Camille : Ce sont des choses qu'ils n'écrivent pas très souvent dans les journaux, que les gens prennent leur douche. Moi, je trouve que c'est une chose passionnante de prendre sa douche, c'est une vraie chose de pouvoir se laver le matin.

Alexandre : Je voudrais savoir, comment vous est venue cette passion du chant ?

Camille : C'est complètement inné, c'est comme respirer, pour moi, chanter, faire du spectacle, jouer, danser, inventer, raconter des histoires, écrire des histoires, dessiner. C'est comme une réalité parallèle. Ça fait partie de ma réalité depuis que je suis toute petite. En fait, quand j'étais petite, je faisais souvent des spectacles sans me dire que j'allais être...

David S. : Comment vous êtes arrivée à vous exprimer ? Parce que c'est assez compliqué quand même.

Camille : Je pense que chacun d'entre nous est unique et qu'on a tout à fait la place pour s'exprimer tous à notre manière. La musique est devenue une industrie qui passe son temps à copier ce qui s'est fait, comme on copie un produit qui a marché. Moi, je ne vois pas les choses comme ça. Je pense qu'il y a tellement de choses à faire qui n'ont pas été faites, tellement de choses à exprimer. Chaque musicien qui naît, enfin chaque être humain qui naît est un nouveau musicien. Il a une voix qui n'existait pas avant, il a un corps qui n'existait pas avant, un rythme intérieur. Voilà, chaque être humain est un nouveau musicien. J'écoute ça très modestement, avec mes moyens. J'exprime ça. Et il y a des gens à qui ça plaît et un public à qui ça plaît et heureusement des gens pour investir là-dedans. Je pense qu'il y a encore plein de place pour ça.

Alexandre : C'est assez compliqué d'écrire les textes, parce qu'il faut avoir de l'imagination, faut que le texte plaise...

Camille : C'est compliqué pour certains, mais moi si vous me demandez de faire par exemple un créneau arrière en côte, ça me paraît très compliqué, alors qu'écrire une chanson, ça me paraît moins compliqué.

*

Rencontre avec Hervé Di Rosa, peintre (mars 1995)

Marjorie : Ta peinture ressemble à Picasso.

Di Rosa : C'est vrai que ça ressemble à Picasso, je fais une peinture qui n'est pas en rapport avec la réalité, j'essaie de peindre ce que j'ai dans la tête.

Sébastien : Les gens aiment ta peinture ?

Di Rosa : C'est la peinture qu'au début, il faut aimer. Moi, les peintures, je ne les fais pas pour les gens. Il faut être content soi-même. Et après, dans un deuxième temps, tu les fais voir. Mais les faire voir, c'est une autre démarche.

Nathalie : Dans vos peintures, il y a beaucoup de surréalisme.

Di Rosa : Oui, c'est vrai. Parce que les surréalistes ont été les premiers à vraiment étudier le mental. Et c'est vrai que c'est aussi l'aspect qui m'intéresse : exprimer l'imagination. Tu as tout à fait raison.

Sébastien : Et ça marche ton affaire ?

Di Rosa : Ça va, j'en vis.

Arnaud : Dis donc, il y a des dessins qui sont marrants.

Di Rosa : Là tu vois, ce sont des villes qui sont un peu comme des villes de la Renaissance. Et quelqu'un offre ces villes aux Africains.

Arnaud : En vérité, ça ne se fait pas ?

Di Rosa : Eh bien, non. C'est pour ça que je le peins. Tout ce que je peins, ça ne se fait pas.

Sébastien : Eh bien, moi, je vais vous dire quelque chose à propos de la peinture. J'ai appris qu'un peinturier, lorsqu'il n'y avait pas d'avions, il n'y avait pas la guerre et tout ça, faisait des peintures. Avant, il n'y avait pas de maisons, il a fait des maisons en peinture. Ça a été peint avant que ça n'arrive. Avant qu'on soit nés, nous, moi, tout le monde.

Di Rosa : Il s'appelle Dieu ce type, non ?

Sébastien : Oui, il est très intelligent, il paraît.

Laurent : Quand tu as peint la première fois, tu étais amoureux ?

Di Rosa : D'une femme ?

Laurent : D'une femme ou bien de la peinture.

Di Rosa : Ça, c'est tout le temps difficile. C'est une bonne question parce que quand je suis amoureux d'une femme, je la peins souvent.

Fernando : Hervé Di Rosa, c'est écrit dans le dictionnaire.

Di Rosa : Oui, mais pas à mon nom, à « Figuration libre ».

Fernando : C'est le Larousse de quelle année ?

Di Rosa : Depuis trois ans, j'espère qu'ils ne vont pas l'effacer !

★

Lorsque j'écoute Carmina Burana, cela m'évoque une foule qui veut lyncher un assassin. Il y a un passage où la foule enterre les victimes un peu comme dans l'affaire Marc Dutroux en Belgique. La deuxième partie, c'est la foule qui réclame une justice expéditive qui se révolte comme en Belgique. Un passage où la cour d'assises se prépare, puis la cour d'assises qui s'ouvre, et le public qui entre dans la salle. La deuxième partie, c'est quand l'accusé entre dans la salle, la foule crie « À mort ! » Puis les témoins défilent à la barre, puis c'est le procureur et l'avocat, les jurés qui se retirent pour délibérer, et ensuite les jurés reviennent avec leur verdict… À la fin, on envoie l'accusé à la potence et à la conclusion, ça recommence : comme quoi, cela ne sert à rien d'envoyer les gens à la potence.

Carole, juin 1999

ATYPIQUES

Nadège : Pour moi, par exemple, tout le monde est différent, pas seulement physiquement, mais dans la façon de penser, dans la façon de voir les choses, même s'il y a des choses qui se recoupent. À partir de ce moment-là, on ne peut pas dire qu'il y a vraiment une normalité dans la mesure où les gens ne vivent pas les mêmes choses de la même façon.

Saïd : On souffre d'être handicapé par des problèmes dans la tête et on n'a pas de camarades. C'est dur. Tout est dur : le boulot, l'argent, les filles, les parents.

Décembre 2001

★

Rencontre avec Yann Clequin, plasticien (mai 1997)

Arnaud : Yann, comment ça se fait que tu es ras des bouts des ongles ?

Yann : Moi, ce qui m'impressionne, c'est que tu ne ronges pas les tiens.

Arnaud : Ce n'est pas mon intention. Je n'aime pas trop ça, surtout que ma mère n'a pas trop l'air de vouloir.

Yann : Elle a raison, ce n'est pas bien de se ronger les ongles.

Arnaud : Et même, elle ne veut pas !

Yann : Est-ce qu'on peut être amis, même si je me ronge les ongles et toi, tu ne les ronges pas ?

Arnaud : Oui, parce que cela n'a rien à voir. Dans tous les cas, j'aurais aimé que tu ne te les ronges pas, Yann. En plus, c'est plus agréable que tu sois normal.

Yann : Ah, donc je suis anormal !

Arnaud : Dans tous les cas, ça fait vilain aux bouts...

[...]

Yann : Est-ce qu'on est tous pareils ?

François : Non, on n'est pas tous pareils.

Yann : Qu'est-ce qui fait qu'on n'est pas pareils ?

François : On n'est pas pareils, c'est tout.

Yann : Donne-moi un exemple : entre toi et moi, c'est quoi la différence ?

François : La différence, ce n'est pas ça.

Yann : Elle est où, la différence ?

François : Je ne sais pas.

Yann : Mais tu sais qu'on n'est pas pareils.

François : Non, on n'est pas pareils.

Yann : Et tu veux pas nous dire pourquoi ?

François : Mais non, on n'est pas pareils.

Yann : Mais alors en quoi on est différents, tous les deux ?

François : On n'est pas tous les deux !

Henning : Vous êtes tous les deux, deux types.

Paule : On est pareils dans la joie.

Robert : On est à moitié pareils.

Henning : C'est compliqué, la vie. La normalité. C'est pas du tout pareil. Moi, je suis un homme et elle, Paola, c'est une femme.

Driss : Et toi et moi, on est pareils donc ?

Henning : Non, toi, tu es un homme et moi, un garçon. Un jeune homme fortifié.

★

Rencontre avec Camille, chanteuse (janvier 2010)

Driss El Kesri : Je voulais organiser cette rencontre depuis un petit moment, parce que justement ce que pointe Joyce, c'est votre singularité. Dans ce qu'on voit, ce qu'on entend, ce qu'on écoute, vous êtes très singulière. Ça vient de vous, c'est vous, c'est ce que vous êtes, ce que vous ressentez et ce que vous donnez à entendre et à communiquer.

La grande majorité de ces jeunes gens sont depuis leur naissance dans une contrainte à être comme les autres. Quelque chose qui est vécu de manière terrifiante pour eux, parce qu'ils font un effort terrible pour essayer de ne pas être vus pour ce qu'ils sont, c'est-à-dire des personnages originaux et singuliers.

Ce moment du Papotin, comme beaucoup d'ateliers que l'on essaye de faire exister, est axé sur l'idée qu'« on est ce qu'on est, qu'on peut créer, qu'on peut donner à voir, qu'on peut donner à entendre, qu'on n'a pas besoin de coller, d'imiter... »

Camille : Je pense qu'il n'y a pas que vous, que les jeunes ici présents qui ressentent ça. Il y a beaucoup de gens qui ressentent ça. On est en lutte pour essayer d'être « normal » tout le temps...

Driss : Mais quand on n'est pas dans cette norme, on est exclu.

Camille : Oui, c'est ça qui est problématique, c'est l'exclusion, alors que la différence est une richesse en fait. La norme, ce n'est pas être tous pareils, c'est vivre ensemble ! La norme, ce n'est pas la pureté, ce n'est pas l'homogénéité... Il faut que les choses soient à l'image des êtres vivants, c'est-à-dire plein de variétés d'êtres vivants différents, des visages différents, parfois de pathologies, de défauts, de visages différents...

Laura : De difficultés...

Camille : Ou de difficultés ou de qualités ou parfois de dons extraordinaires...

Laura : De comportements...

Camille : Il faut le mélange pour la norme. Sinon, la norme est fasciste.

Alexandre : Donc il faut une espèce d'atypicité en fin de compte.

★

Rencontre avec Philippe Caubère, auteur et comédien (septembre 2009)

Alexandre : Étant donné que vous jouez tout seul, est-ce qu'on n'a pas tendance à vous prendre pour un fou ?

Philippe Caubère : On a tendance à me prendre pour un fou souvent. Et on n'a pas toujours tort. Je suis un peu fou.

Alexandre : Quand on vous le dit, qu'est-ce que ça vous fait ?

Philippe Caubère : Eh bien, ça peut paraître bizarre, mais ça ne me déplaît pas.

★

Je ne parle pas

Tout le monde m'en veut.
Il y a des gens qui ne parlent pas.
Les gens m'énervent.
Je pose toujours les mêmes questions.
Cela m'embête.
Je pense dans ma tête.
Quelque chose me fait peur.
Il faut parler.
Moi, je suis autiste.
Je parle pas des gens.
Les autres autistes ne parlent pas.
Cela ne me convient pas.
J'aime pas être seule en réunion quand on est autiste.
Je me replie sur moi-même.
Je suis enfermée tout le temps dans ma bulle.
J'en ai marre.
Je suis une gagnante : j'ai plein de ressources.
Je vais vers les autres maintenant.
Je vais parler.
L'autisme est une maladie génétique.
Je prends des médicaments.
Je dors un peu avec les médicaments.
Je suis une gagnante : j'en ai marre des autistes.
Ils parlent pas bien.
Moi…

Anaïs, septembre 2009

Autoportraits

« J'aime radoter, oui oui oui oui oui oui ! »
François D.

★

Je suis un individu plein d'intelligence, d'imagination et de capacités. Plein d'atouts, plein d'avantages. On m'a dit que j'étais un soleil, et d'après les apparences, je suis quelqu'un de merveilleux. J'admets quand même ces atouts, mais je n'en viens pas à me dire que je suis merveilleux : je ne parviens pas à exploiter ces capacités, et c'est dû à mon syndrome. Conclusion : j'ai des chances et des privilèges, et c'est lié à ma nature, même si c'est grâce à mon syndrome. Mais grâce à mon syndrome, j'ai gâché plein d'occasions.

Nathanaël, mars 2005

★

Alain H. est un jeune homme digne d'un grand homme.

Alain H. a passé son enfance à Clichy où il a été victime des autres écoliers qui s'en prennent à lui. Il a dépassé la maternelle et la primaire et tout le collège et il n'a pas pu aller au lycée car il est placé dans un hôpital de jour.

Il a rencontré Frank Margerin, un auteur de B.D. et il s'est lié d'amitié avec lui. L'amitié, c'est comme une alliance.

Puis Alain H. est allé bosser à « Turbulences ». Bientôt ou plus tard, il sera élu nouvel artiste au monde, et aura de bons amis.

Alain H., septembre 2007

*

Je suis un grand frimeur. J'aime le sexe et la brioche.

David J., mai 2005

*

Des fois je suis beau
Mes mains sont seules
Mes pieds sont seuls
Et je ris au zéphyr !

Henning, juin 1998

B

Barbara

Rencontre avec Barbara, chanteuse (mai 1996)

Barbara : Qui a trouvé le nom du journal ?

Marjorie : C'est Laurent !

Barbara : Le Papotin est un mot drôle et joli.

Nathalie : Est-ce que tu es plus à l'aise quand tu poses des questions, ou quand tu réponds à des questions ?

Barbara : Beaucoup plus à l'aise quand je les pose... mais c'est assez difficile aussi de poser des questions.

Nathalie : Serais-tu capable de tenir longtemps sur les rochers de Fontainebleau avec un saladier sur la tête ?

Barbara : J'aurais la trouille, j'aurais le vertige, je pourrais pas.

Arnaud : Comment se chante la chanson qui s'appelle « Toi » ?

Barbara chante le premier couplet.

Arnaud : Pourquoi dans la chanson « Toi » tu dis : « Tu me fais l'amour le jour et la nuit » ?

Barbara : Je dis cela à un homme qui m'aime le jour et la nuit...

Arnaud : Qu'est-ce que tu dis à part cela dans cette chanson ?

Barbara : Je dis : « Toi, ce n'est pas pareil que les autres, tu es différent »...

Arnaud : Pourquoi tu dis : « Toi, tu es différent » ?

Barbara : Je le trouve différent... Toi aussi, tu es différent, chacun de nous ici est différent...

Arnaud : Barbara, est-ce que je te reconnais ?

Barbara : Oui, tu me reconnaîtras maintenant quand on se reverra.

Arnaud : Tu es beaucoup plus jeune sur une photo d'un disque que j'ai chez moi. Pourquoi elle est en noir et blanc ?

Barbara : J'aime beaucoup les photos noir et blanc. Ce sont des couleurs aussi.

Emmanuelle : Moi aussi, je suis en noir et blanc.

[...]

Arnaud : Dis donc Barbara, « Le mal de vivre », je vois des paroles que je ne connais pas : « Ça ne prévient pas, ça arrive, ça vient de loin. » Qu'est-ce qui ne prévient pas, qui arrive et qui vient de loin ?

Barbara : Eh bien, la douleur, le mal de vivre, le mal d'exister... Le mal de vivre ou la joie de vivre, ça ne prévient pas.

Arnaud : Je ne voulais pas te gronder tout à l'heure. Je te demandais pourquoi c'était écrit en abrégé parce que je ne comprenais pas.

Barbara : Mais non, tu ne m'as pas grondée. De toute façon, tu peux aussi si tu le désires.

[...]

Marjorie : Barbara, il est mort Hugues Aufray ?

Barbara : Mais non ! Tout le monde n'est pas mort !

Arnaud : Il n'est pas mort, Enrico Macias ?

Barbara : Non !

Arnaud : Et Gérard Lenorman, il est pas mort ?

Barbara : Mais non !

Arnaud : Michel Sardou non plus !

Barbara : Non plus. Michel Berger est mort.

Arnaud : De quoi il est mort ?

Barbara : Il a eu un problème au cœur.

Florent : Oui, il a eu une crise cardiaque.

Arnaud : Comment ça chante « La mort » comme refrain ?

Barbara : Oh, on peut chanter autre chose que « La mort » !

Arnaud : Tu connais le refrain ?

Barbara : Il n'y a pas vraiment de refrain dans « La Mort » !

[...]

Arnaud : Pourquoi cette chanson, elle s'appelle « Le soleil noir » ?

Barbara : Parce que quelquefois, quand les choses ne vont pas très bien, le soleil n'est pas jaune, il est noir ; il est un peu triste.

Arnaud : Comme aujourd'hui, il n'y a pas de soleil ; ça veut dire ça le Soleil Noir.

Barbara : Non, aujourd'hui, ce n'est pas le Soleil Noir : on est heureux, on est ensemble.

⋆

Barbara vue par Arnaud

Je n'avais jamais vu Barbara avant qu'elle ne vienne au *Papotin* : c'est une dame très sympathique. Elle nous a parlé très gentiment et simplement : par exemple, d'une de ses chansons « L'Aigle noir ». Sa voix est douce.

Comme style, elle fait dame de Paris ; autrement dit, elle est très élégante.

Son visage a des traits réguliers, son regard est profond.

Comme je compare toujours les gens aux voitures, elle me fait penser à l'Audi A4.

Barbara vue par Laurent

T'es une chanteuse
De l'Aigle noir
Amoureuse.
Barbara chanteuse
Elle sait parler
Elle sait pas conduire
Elle est à pied.
Sur scène
Elle est à prix coûtant
C'est à souhait
Qu'elle est lo lé lo.
Elle rêve un peu
Elle est un peu taureau
Elle danse un peu
Le tango.

★

Lettre de Barbara aux Papotins, publiée en décembre 1997

Chers enfants du *Papotin*,

Un matin, je reçois le journal du *Papotin*, dans ma maison.

J'ouvre *Le Papotin*, et je vois que les images, ce sont vos visages tendres et souriants. Les textes des interviews, ce sont vos questions. Les poèmes, ce sont vos mots d'humour et d'amour, des mots que vous dites comme personne ne sait les dire, ni les écrire, avec un langage réinventé par vous.

Je suis éblouie par vos mots, par vos définitions des êtres et des choses. Vos mots sont comme des bulles de soleil, comme une fête.

Je vois que vous êtes des « extra-lucides magiciens » et j'ai eu envie de vous rencontrer.

Je lis le numéro de téléphone du *Papotin*, j'appelle, et c'est Driss qui me répond. Nous prenons rendez-vous pour un mercredi matin.

Je suis très intimidée et un peu angoissée quand j'arrive à Antony, je me demande quelle doit être mon attitude, mon écoute, mon langage, avec des enfants, avec des « personnes atypiques », comme vous dites.

J'ai poussé la porte, on se regarde et vous venez vers moi comme un vol d'oiseaux, tout de suite, vous me donnez la réponse à toutes mes questions.

On va s'asseoir sur le banc devant la maison (il y a des arbres et il fait beau), nous parlons sans entraves, nous parlons simplement et clair, et on rit beaucoup. Et voilà, vous m'avez donné la clef de votre jardin magique.

Vous savez bien que lorsqu'on se tutoie, on peut se dire plus de choses, parce que « se tutoyer », c'est mieux, c'est plus tendre. Alors on se tutoie.

N'est-ce pas Arnaud ?

N'est-ce pas Isabelle ?

N'est-ce pas Nathalie ?

N'est-ce pas Marjorie ?

Et toi Fernando ?

Et toi Robert ?

Et vous tous ?

Vous me posez des questions jolies, mais vraiment jolies et drôles, et toi, Arnaud, tu me dis que je suis une voiture, et toi aussi, Stéphane, tu me dis que je suis une voiture de course ! Rouge, je crois !

C'est le plus beau compliment que l'on m'ait fait, puisque je sais que vous adorez les voitures !

À midi, je déjeune à Antony, et toi, ma petite Isabelle, tu veux tellement venir dans ma maison, toi aussi, Marjorie qui aimes tant les bijoux. Alors un jour, vous êtes venus dans la maison charmante, comme dit Arnaud.

Bientôt, je vais revenir vous voir à Antony ; vous me raconterez peut-être ce que vous avez fait avec Driss pendant cette longue absence. Vous me lirez vos poèmes et nous partagerons nos émotions et nos forces.

Ça, c'est demain, mais aujourd'hui pour Noël et tous les autres jours, je vous envoie mille et mille et des milliers de petites étoiles scintillantes qui tombent doucement sur vous et vous font une grande douceur de lumière.

Bonne Année.

À bientôt chers vous tous,

Chers oiseaux,

Je vous embrasse et je ris avec vous.

Depuis ce matin d'Antony, je pense presque chaque jour à vous. Je suis heureuse que vous m'ayez acceptée. Merci. Merci.

C’est une voiture rouge qui vous écris et qui signe,

Barbara

*

Elle est partie de ses ailes

Comment dire ?
Comment parler ?
Comment expliquer ça ?
Elle était chère.
Elle était grande.
C’était une pote.
C’était une femme du côté du spectacle.
Elle rit comme un Dieu de l’amour.
Elle est partie de ses ailes, rejoindre Ferré, Brassens.
Ses mains sont froides maintenant.

Éric, Arnaud, Laurent, Henning, décembre 1997

Les bons mots de Nathalie

Définitions

Délit	Action de mauvais coucheurs
Polissage	Action d'embarquer quelqu'un au commissariat de police
Allocation	Obligation de porter des loques
Coulisses	Endroit où l'on est pas « cool »
Muséum	Home d'SDF
Accent	Indicateur d'axes
Scientifique	Spécialiste de si
Cognition	Action de cogner sur quelqu'un
Médecine	Épouse de médecin
Mécanicienne	Épouse du mec
Pénicilline	Inflammation du pénis
Globule	Voyageur autour du globe
Caricature	Saillie de caries
Enseignement	Action de vendre des enseignes
Erreur	Gardien à plein temps d'errants
Faisceau	Petite paire de fesses
Illettré	Écrivain qui n'a jamais su écrire
Jugeote	Épouse du juge

Foutu	Accro de foot
Dépression	Gosier sec suite à un arrêt de débit
Information	Manque de formation
Vérité	Action de chercher des vers dans un fruit corrompu
Terreur	Personne qui reste à terre
Réveil	Fin de rêve
Diplomate	Vendeur de diplômes

★

Psychothérapie par l'image

Un marché noir, c'est un commerce en deuil.

Une dent morte mérite bien une couronne.

Les Indiens d'Amérique ont bien froid depuis que Christophe Colomb les a découverts.

Un ministère est un lieu de stockage de langues de bois.

Courrier du cœur : Laids ? Rédigez votre annonce en braille !

En Suisse, pays d'ordre et d'harmonie : les oiseaux font leur nid et les banquiers nient leurs fonds.

★

Les évidences

Pour un astronaute, garder les pieds sur terre n'a vraiment de sens que s'il a la tête dans les nuages.

Une clef de sol ouvre les bouches d'égout.

Ça sent toujours la lavande après qu'on a lavé son linge sale en famille.

Un âne fait souvent sa tête de mule.

Un Anglais peut prendre des douches écossaises.

Les papes ont aussi des papilles.

En Andorre, il n'y a pas que des endormis.

★

Prononciations tirées par les cordes vocales

Incarcéré dans / Un car serré

Vite du bonheur / De bonne heure

L'état gère son fric / Au-dessus de l'étagère

Les sourds dînent / En sourdine

Les bouches rient / Moins quand on / Les mène à la boucherie.

★

Les questions de Nathalie

À André Dussollier : « Est-ce qu'il vous est arrivé de confondre une cigarette avec une frite ? »

À Marc Lavoine : « Avez-vous déjà pris un radio-cassettes pour un grille-pain ? Aimez-vous boire un verre ou boire la tasse ? Vous est-il arrivé de confondre une plaque d'immatriculation avec une carte d'immatriculation ? »

À Caroline Tresca : « Vous est-il arrivé de prendre un ticket restaurant pour un ticket de métro ? – Je prends souvent l'aspirateur comme séchoir, ça marche dans les deux sens. »

À Leny Escuredo : « Préfères-tu le ras-le-bol du petit-déjeuner à la coupe au bol du coiffeur ? »

CARLA BRUNI

Rencontre avec Carla Bruni (juin 1998)

Thomas : Carla, tu es mariée ?

Carla Bruni : Non.

Thomas : Célibataire ?

Carla Bruni : Oui, je suis célibataire.

Arnaud : Tu as trente ans !

Carla Bruni : C'est un peu tard pour être célibataire, je ne sais pas si je vais me marier un jour.

Arnaud : Tu habites où, Carla ?

Carla Bruni : J'habite à Paris.

Arnaud : À quel endroit de Paris ?

Carla Bruni : Place des Ternes, là où il y a le marché aux fleurs.

Arnaud : Tu as quoi comme voiture ?

Carla Bruni : Je n'ai pas de voiture, je n'ai pas le permis...

Arnaud : Carla, comme Sophie, tu as une bonne tête, autrement dit vous avez toutes les deux une bonne tête.

Carla Bruni : Il y a plein de bonnes têtes ici !

Arnaud : Autrement dit, je t'aime bien, tu es bien sympathique.

Carla Bruni : Merci Arnaud.

Thomas : Tu portes quoi comme chaussures ?

Carla Bruni : Des bottes.

Thomas : Et pour faire du sport ?

Carla Bruni : Des Nike-air !

Arnaud : Toi Carla, est-ce que tu es croyante ?

Carla Bruni : Oui, je suis croyante.

Arnaud : Tu dors en pyjama ou en chemise de nuit ?

Carla Bruni : En pyjama.

Nathanaël : Qu'est-ce que tu aimes comme sport ?

Carla Bruni : Le foot, la natation et le ski.

Nathanaël : Tu es magnifique !

[...]

Carole : J'ai lu plein d'articles où il est dit que les mannequins sont exploités, grugés...

Carla Bruni : C'est un métier où l'on est plutôt bien payé, mais par contre c'est l'enfer ; parce qu'on nous coiffe, on nous maquille... On devient méconnaissable...

Carole : Vous connaissez Dior ?

Carla Bruni : Très bien...

Carole : Dior, Dior, Dior, et l'Oréal pour les cheveux ?

Carla Bruni : Oui.

Carole : C'est de la merde, leur traitement capillaire. J'ai tout essayé pour épaissir ma chevelure et voyez comme c'est filasse.

Carla Bruni : Voulez-vous que je vous apporte un bon traitement capillaire ?

Carole : Bof, j'ai tout essayé depuis vingt ans, tous les laboratoires ont des produits bidon. Ce qui me révolte, c'est qu'on peut maintenant changer de sexe, mais pas de chevelure. Je peux aller sur la Lune, faire un bébé-éprouvette ; si je perds un bras, on me le greffe, mais pour les cheveux, rien n'y peut.

Carla Bruni : Je ne sais pas quoi te dire, tu as un peu raison.

Carole : Tous leurs produits, c'est de la poudre de perlimpinpin, c'est de la fumisterie.

Arnaud : Dis donc Carla, on ne te reconnaît pas du tout sur les photos.

Carla Bruni : Mais toutes les photos, c'est moi !

Arnaud : Comment ça se fait que je ne te reconnaisse pas ?

Carla Bruni : Parce que c'est moi ! C'est ça mon métier, c'est d'être photographiée sur des magazines. On change de visage à chaque photo.

Thomas : Mais toi, tu reconnais les gens ?

Arnaud : Mais pourquoi je ne te reconnais pas, Carla ?

Carla Bruni : Parce que je ne suis pas moi-même dans les photos.

Thomas : Tu ne peux pas parler ?

Carla Bruni : On peut pas être humain sur les photos, c'est plat ; n'est-ce pas Carole ?

Carole : Pour ce que ça vaut de porter des beaux vêtements, les femmes sont tellement laides dans la rue. Il faut voir leurs tronches. Plus aucune femme ne ressemble à Marlene Dietrich. C'est pas d'avoir des belles robes qui les fait ressembler à autre chose qu'à des crapauds...

Carla Bruni : Elles sont plus naturelles, Carole.

Arnaud : Est-ce que tu connais Brigitte Dupreste ?

Carla Bruni : Non, qui c'est ?

Arnaud : Je ne sais pas.

Thomas : Carla, est-ce que la mode c'est très important pour les gens ?

Carla Bruni : Oui, parce que c'est du rêve.

Thomas : Ça fait rêver tout le monde dans son lit !

Arnaud : Carla, est-ce que le printemps revient ?

Carla Bruni : Je pense qu'il revient...

★

Carla vue par Laurent

C'est une belle femme romantique.
Très douce ambiance.
Très calme.
Très polie.
Très séduisante.
Très jeunesse.
Très connaissante des gens.
Carla, la gentillesse, la douceur, la noblesse.
Très belle à être aimée,
Très belle à aimer.

★

Lettre de Carla Buni aux Papotins, juin 1998

Chers Papotins,

Merci de m'avoir invitée près de vous.

Merci de m'avoir ouvert la porte de votre univers, merci pour vos mots de poésie et de vérité qui ont déverrouillé quelque chose en moi.

Quand les Papotins parlent, ce n'est pas du bavardage, c'est même tout à fait le contraire : dans votre langage si clair, je retrouve les traces d'une envie ancienne, tapie au fond de moi : l'envie de dire tout simplement la vérité, ma vérité.

Je reviendrai bientôt vous voir le mercredi.

Et je sais déjà que les semaines sans vous seront brumeuses…

Mais il me reste tous mes numéros du *Papotin*, que je lis et relis avec délice et émotion.

Oui, *Le Papotin* est atypique, car ce n'est pas typique de nos jours de lire un journal dans lequel chaque ligne, chaque mot, mélange le rire et les larmes, la poésie et la réalité, la douceur et la violence.

Le Papotin est atypique par son humanité si pleine et cela est « un peu parfaitement bien » (comme dirait Henning). Alors encore merci !

Tendresse et câlins pour tous les Papotins !

Howard Buten

Howard Buten, mai 1990

Il y a longtemps, en 1977, j'ai dû déménager de ma ville natale de Detroit à Los Angeles pour poursuivre ma carrière prétendument artistique. Comme je l'avais déjà fait à Detroit, je me suis précipité là-bas sur la première institution prétendument psychiatrique venue pour me proposer comme travailleur bénévole. Ça a été en l'occurrence l'Institut psychiatrique de UCLA. Au bout de quelques mois dans le pays du show-business, j'éprouvais un désir de plus en plus fort d'y aller de plus en plus souvent, d'y voir mes « patients », en dépit d'ailleurs de ma carrière de scène.

Quand j'ai avoué cela à un ami d'enfance de Detroit, il m'a dit : « C'est normal. C'est là où tu as trouvé les seules personnes qui méritent d'être tes amis à Los Angeles. »

Et voilà que maintenant j'ai quand même réussi un peu ma pauvre carrière d'artiste, et voilà que j'ai donc de plus en plus à faire aux journalistes. Sans entrer dans la méchanceté gratuite, je tiens à dire que, après avoir été interviewé par les Papotins, je crois avoir trouvé les seuls journalistes qui méritent d'être mes amis à Paris.

★

Howard Buten, mai 1991
À Ramdan

Il y a quelqu'un qui vous attend. Qui vit dans une petite maison tout seul. Jamais il ne sort. Il y en a qui disent que, de l'intérieur, il écoute. Moi, je ne sais pas. Il ne répond pas quand on frappe. Ni quand on l'implore. Ni quand on cherche à l'acheter. La porte n'est pas fermée à clef, je ne crois pas, mais elle est très petite, si petite que personne, en dehors de lui, ne peut entrer. Personne en dehors de lui ne peut sortir.

Va-t-on se planter à l'extérieur pour lui décrire tout ce qu'il y a de ravissant par ici ? Ne mentons pas. Alors, va-t-on essayer de rendre les choses si ravissantes par ici qu'il sortira de son plein gré ? Je ne crois pas que cela soit possible. D'ailleurs, peut-être qu'il ne regarde pas. Peut-être faudrait-il hurler pour le faire regarder. Peut-être faudrait-il le gronder parce qu'il ne regarde pas ? Peut-être…

Alors quoi ? Faudrait-il le laisser dedans ? Ça fait quand même une sacrée solitude. Mais si c'était nous qui nous sentions seuls ?

Écoutez ce que je vous dis : il existe quelqu'un d'autre, et que vous connaissez, capable de se glisser par cette porte minuscule, tout juste. Il y a longtemps que vous ne l'avez pas vu, mais si vous vous obligiez à regarder fort, fort, vous saurez qui c'est. Il vit lui aussi dans une petite maison tout seul. La maison, c'est vous.

Trouvez-le. Trouvez-le en vous et envoyez-le franchir cette petite porte. Qu'il reste un moment avec l'autre petit. Qu'il aille et vienne à sa guise, à condition de se conduire en bon invité quand il y est. L'autre petit est chez lui, c'est lui qui fait les règles.

Écoutez ce que je vous dis : un jour, quand le petit qui est à l'intérieur de vous sortira de la maison de l'autre, cet autre – s'il sait que ça ne durera pas trop longtemps – décidera de l'accompagner. Il sortira de sa petite maison, et s'il trouve suffisamment de choses ravissantes par ici, il y restera. Et si ça n'est pas assez ravissant – ne mentons pas –, il faudra alors lui enseigner, lentement, à devenir sa propre petite maison, lui-même, par ici. À aller et venir. Tout comme vous l'avez appris vous-même. Vous, vous-même en personne, il y a longtemps.

★

Rencontre avec Howard Buten (décembre 1992)

Le Papotin : C'est quoi le lien entre Buffo et tes activités à l'hôpital de jour ?

Howard Buten : Alors moi, je n'en sais rien. J'ai toujours dit aux journalistes qu'il n'y en a pas mais, pour *Le Papotin*, je suis quand même allé poser la question à Buffo. Il s'est posé devant moi et, sans qu'il bouge, j'avais l'impression qu'il était à la fois devant moi mais aussi à l'intérieur de moi. Ah, vous me direz, Buffo, c'est toi Howard, vous cohabitez dans la même peau. Oui, mais j'ai aussi l'impression que vous et moi, nous habitons aussi dans la même peau. Une seule peau qui n'en est pas une, mais qui nous appartient à nous, entre nous.

★

Une demande d'Howard Buten : pourriez-vous me faire quelques petits textes sur la musique pour réciter avec l'orchestre d'Avignon pendant le festival ?

La musique

À Howard Buten

La musique, ce n'est pas de la contrebasse
Ce n'est pas un tambour
Ce n'est pas un violon
Ce n'est pas une trompette
Ce n'est pas un saxophone
Ça, ce sont des instruments.

Ce n'est pas un tam-tam
Ce n'est pas une flûte
Ce n'est pas un banjo
Ce n'est pas une cornemuse
Ce n'est pas un accordéon
Ça, ce sont des instruments.

La musique, c'est un citron.
La musique, c'est un carton.
La musique, c'est un ver à soie.

La musique, c'est une bouteille.
La musique, c'est des baguettes.
C'est une étoile qui brille de toutes les couleurs.
C'est une lune eau claire.
C'est une bougie belle noire.

La musique c'est habituellement
Bleu Blanc Blond
Dodo Daim Dron.

Laurent, juin 1993

★

Rencontre avec Howard Buten (septembre 2007)

Esther : Est-ce que Howard Buten est noir comme moi ?

Howard Buten : Je me sens totalement noir comme toi. Je me sens totalement blanc comme Arnaud ou Laurent. Je me sens jaune comme la totalité des personnes asiatiques, et parfaitement rouge comme des Indiens de l'Amérique. Et chaque fois que je change de couleur, je m'en régale en me disant : comme c'est bien d'être quelqu'un de couleur humaine ! Comme TOUT LE MONDE !

Alexandre : Mais alors, tu étais marginal Howard ?

Howard Buten : Je suis un peu marginal sur les bords, c'est le cas de le dire...

Alexandre : Et les bords sont larges ! Je repensais à ça l'autre jour, quand tu nous parlais de ta phobie des fantômes. Tu nous avais raconté, je m'en souviendrai toute ma vie, que tu te levais quatre à cinq fois par nuit, parce que tu avais une phobie de dieu des fantômes, est-ce que tu l'as toujours ?

Howard Buten : Alors voilà, c'est résolu ! Et je t'explique pourquoi : c'était derrière la porte du placard. Et donc, il fallait que je touche la poignée du placard cinquante fois pour être bien sûr qu'il était clos. Or maintenant je n'ai plus de placard dans mon appartement. Ça m'a coûté très cher de ne plus avoir de placard, mais bon... tous les moyens sont bons. Alors, les fantômes, pfffiittt...

Alexandre : Quand on te parle de ça maintenant, ça te passe au-dessus de la tête ?

Howard Buten : Oui.

Alexandre : Alors, la question que je voulais te poser mis à part ça, quelles sont tes passions ?

Howard Buten : Mes passions ? Mes passions ? Mes passions ? Ben, c'est un peu difficile à dire ce soir, mais ma passion, c'est un peu vous.

Alexandre : Nous ? Ha ! Écoute, ça me touche énormément, mais la question est large, tu pourrais avoir une passion pour la lecture ou que sais-je...

★

Les questions qu'on se pose toujours sur Howard Buten

Est-ce qu'il mange avec une fourchette et un couteau ?

Est-ce qu'il a des nounours ?

Où habite-t-il ?

Est-ce qu'il a toujours un fantôme dans son placard ?

Que fera-t-il demain ?

Est-ce qu'il gagne beaucoup d'argent ?

Est-ce qu'il pense que son travail est ancien ou nouveau ?

Est-ce qu'il est marié avec sa femme ?

Est-ce qu'il aime bien rigoler ?

Il devrait changer de nom et s'appeler « Péniѐze ».

Sa femme devrait s'appeler « Butteaunénée ».

Collectif, décembre 2001

C

« Ça ne te regarde pas ! »

Arnaud : Pourquoi tu n'aimerais pas dire aux autres : « Ça ne te regarde pas » ?

André Dussollier : Parce que j'aime peut-être entendre les autres, voir comment ils sont.

Mai 1991

★

Arnaud : Ça serait ton intention ou pas de dire à quelqu'un : « Ça ne te regarde pas » ?

Mireille Mathieu : Si c'est à un journaliste, pas à toi. Tu sais, il y a des choses de la vie privée qu'on ne raconte pas. Mais toi, tu me poses des questions et je te réponds.

Arnaud : Je n'aime pas le mot « vie privée », c'est trop strict... trop draconien.

Juillet 1994

★

Arnaud : Est-ce que ça serait ton intention de dire à quelqu'un que ça ne le regarde pas ?

Howard Buten : Je dis souvent ça aux journalistes, mais à vous, je dis tout.

Mai 1990

★

Arnaud : Marcel [Hérault, président de l'association Sésame-Autisme], tu sais ce que je remarque ? Comme on dit que des questions sont indiscrètes et qu'il y a des questions qu'on ne pose pas et que moi, je pose, quand on a un sourire comme tu as, c'est qu'on risque de ne pas avoir envie de répondre.

Marcel Hérault : C'est une réflexion tout à fait intelligente. Tout à fait d'accord avec toi.

Arnaud : Marcel, il y a une chose qui m'attriste, c'est qu'on me dit souvent que ça ne me regarde pas. Il faut ni dire non plus que ça ne me concerne pas. On peut me dire : « Tu es bien curieux » ou « Ça ne se demande pas. »

Marcel Hérault : Tu crois qu'on peut poser toutes les questions aux gens ?

Arnaud : Ça dépend lesquelles et ça dépend à qui.

Mai 2000

★

David : Mais si tu voulais, tu pourrais répondre à des questions personnelles ?

Roselyne Bachelot : Non.

David : Vous voulez garder une part, vous voulez garder en gros une part d'intimité parce que vous en avez tellement peu déjà...

Roselyne Bachelot : Tu as très bien compris, c'est tout à fait ça. Tu sais, la politique c'est très dur, c'est quelque chose qui te mange toute ta vie. Tu travailles sept jours sur sept, pratiquement... Là, tu vois, toute la semaine dernière, on examinait une loi très importante, je ne me couchais pas avant 2 heures ou 3 heures du matin...

Janvier 2010

*

Arnaud : Tu es mariée, ou pas ?

Cécile Duflot [Secrétaire nationale des Verts] : J'ai le droit de garder ça secret ?

Arnaud : Si tu voulais, tu pourrais le dire ?

Cécile Duflot : Ah oui, si je voulais, je pourrais le dire. Mais là, je préfère le garder personnel.

Arnaud : Oui, d'ailleurs la dernière invitée de lundi, qui était Roselyne Bachelot, m'avait fait une réponse désagréable de ce genre.

Janvier 2010

*

Arnaud : Tu es mariée ?

Fadela Amara [Secrétaire d'État à la Ville] : Je suis occupée, je ne suis pas mariée... mais je suis occupée !

Arnaud : Qu'est ce que ça veut dire que tu es occupée, je ne vois pas ce que ça veut dire ?

Fadela Amara : Ça veut dire tout simplement que j'ai quelqu'un dans ma vie, mais je ne suis pas mariée.

Arnaud : Il s'appelle comment cette personne ?

Fadela Amara : Elle s'appelle... mais attends, Arnaud, tu es en train de me griller. Arnaud, s'il te plaît, je te dirais ça en tête-à-tête, je ne veux pas que tout le monde le sache.

Arnaud : Pourquoi tu ne veux pas que tout le monde le sache ?

Fadela Amara : Parce que c'est ma vie privée.

★

Olivier répondait beaucoup moins à mes questions que les autres personnes. Il ne disait rien, Olivier, quand je lui posais une question. Il ne me répondait pas. Il faisait comme quand on ne répond pas, il ne disait rien. Mais dans tous les cas, il disait : « C'est un Arnaud qui m'enferme avec ses questions. » Cela aurait pu se faire qu'un thérapeute réponde aux questions ?

Une fois, au fond du jardin, il m'a dit : « Arnaud, tu es bien curieux », une fois quand il était au second étage, il m'a envoyé promener et je lui ai dit qu'il n'était pas aimable et il m'a dit : « Eh oui, je ne suis pas aimable ! »

Et une autre fois, quand je le regardais travailler dans la salle, il m'avait dit : « Si tu continues, Arnaud, je vais travailler dans une autre pièce ! »

En plus, il m'avait dit : « Ça ne te regarde pas. » Quand je faisais partie de l'établissement et qu'il en faisait partie, il m'avait dit trois fois : « Ça ne te regarde pas. » Mais, pis encore, c'est une jeune fille qui s'appelle Jenifer. Elle m'avait dit : « Ça ne vous regarde pas. » Elle m'avait en plus vouvoyé. Et l'avant-dernière fois, c'était le docteur Baron, mon thérapeute, sur ce qu'il prenait pour se raser le matin. Maintenant, je ne veux plus qu'on me le dise. Dans tous les cas, moi je ne le dirai jamais à qui que ce soit. Il y a d'autres manières de le dire.

C'est que je ne supporte pas. C'est-à-dire ni j'aime, ni j'aime pas : ce n'est pas la même chose supporter et aimer. Mais quand on me le dit, ça m'attriste. La première fois qu'on m'avait dit : « Ça ne te regarde pas », c'était à Jouy, avec Micheline Dréano. J'avais 7 ans, je lui avais demandé ce que Marc avait de cassé. Même pour rire, je ne voudrais pas qu'on me le dise.

Arnaud, juin 1999

« Chanson banale »

Un jour de 1993, Marc Lavoine a demandé aux Papotins de lui écrire les paroles d'une chanson. Les voici :

Viens me retrouver vers le métro au bord du chenal
Je sais qu'il y a des rimes dans une chanson banale

Moi je rêve, je rêve, contente d'être triste
Ferme tes yeux quand tu penses à l'artiste

Et attends que le rêve arrive, un rêve pour être heureux
Les drapeaux rouges signalent les rêves dangereux

On attrape des sueurs glacées dans le lit seul
Le requin blanc dévore Sabine dans son linceul

Qui ressemble à Aude, l'imprudente coquine
Les dauphines sont plus sympas que les requines

Où vas-tu quand tu viens ?
Baisons la tête d'un chien.

Je passe et repasse et lave ; je le fais bien.
Viens me retrouver, brave le va-et-vient.

J'aime bien me baigner dans l'eau chaude
Me faire des copines, pieds nus, comme Aude.

Quand toi tu dors, moi je rêve.

Collectif, juin 1993

Des chiffres et des êtres

Journal atypique

Collectif à 9 voix
Autrement dit 3 x 3
6 dit l'un
4 dit l'autre
C'est ça :
3 paquets de 3.
On n'est pas des enveloppes, dit Dalida.
On n'est pas des poubelles, dit Isabelle.
On est aussi 5 et 4, dit Arnaud.
C'est 7 et 2 que je préfère.
Non 9 x 1
C'est 1 x 9
Et puis c'est tout.
Tous en chœur
De tout cœur
Tout changer
Que c'est vrai.

Mai 1990

★

Rencontre avec Philippe Starck, designer (mai 1996)

Arnaud : Le 2 ressemble au 3 et le 1 au 4.

Philippe Starck : Oui, mais je trouve que là, tu fais des comparaisons visuelles, par la forme. Mais j'ai lu des trucs de toi là-dessus où tu exprimais plus d'intérêt sur ce que les chiffres voulaient dire pour toi. Si le 3 était gentil ou méchant... Et pour moi, cela me paraissait plus important de faire des analogies par l'esprit des chiffres que par leur forme. J'ai l'impression. Il y en avait où j'étais totalement d'accord avec toi. C'était sur le 3, je crois.

★

Fabrice : Il voulait que je me coupe en 4. Alors que je n'arrive pas à me couper en 2.

Arnaud : Autrement dit en 1 + 3, ou 3 + 1 ou en 2 x 2 ou en 4 x 1 ou en 1 x 4.

Fabrice : Vois-tu Arnaud, même comme ça c'est impossible.

Arnaud : Le 4 est sévère. Je voudrais le caresser, lui faire des mamours, des gentillesses.

Fabrice : Je t'autorise.

Arnaud : Ah, Fabrice, veux-tu que je te parle des autres chiffres ?

Fabrice : Je t'ai autorisé et je t'autorise encore deuxièmement.

Arnaud : J'aime le 5, c'est une langouste. Le 8 par contre je ne l'aime pas du tout, il ressemble aux seins d'une femme.

Fabrice : Et le 6 ?

Arnaud : Au 9 dans l'autre sens.

Fabrice : Et le 9 ?

Arnaud : Au 6 dans l'autre sens. J'aime.

Fabrice : Et le 10 ?

Arnaud : J'aime à moitié : le 0, je ne l'aime pas du tout, et le 1 ressemble au 4, et le 4 ressemble à Richelieu par sa sévérité. Je préfère 2 x 5 ou 7 + 3 : le 2 ressemble au 3, et le 3 ressemble au 2, et le 7 à Dominique Cratipus, que j'aime beaucoup.

Fabrice : Le problème est réglé.

Collectif, décembre 1992

★

Ça fait vingt ans que tous les journaux refusent de publier l'article que j'essaie de faire paraître. En 29, il y a eu le crack boursier ; en 73, le choc pétrolier ; en 32, la ligne Maginot, après il y a eu le mur de Berlin, la guerre d'Espagne en 36, le Liban en 75. Un million de morts en Espagne, deux millions de morts au Cambodge, l'affaire Stavisky ressemble un peu à la fin du Watergate avec Daladier et Camille Chautemps. Hailé Sélassié a été renversé en 75 par Mengistu, Chamberlain et les accords de Munich en 38, ça ressemble un peu aussi aux accords d'Helsinki en 75, à Camp David en 78, c'est toute une liste de points communs comme ça, de non-dits ! Je remarque que le loto a été créé trois ans après le premier choc pétrolier, comme la loterie nationale trois ans après le choc de 29. Franklin Roosevelt a relevé l'économie américaine en 32, comme Ronald Reagan. L'économie redémarre, c'est le dollar qui a tout gouverné en 29, comme aujourd'hui. La révolution iranienne ressemble beaucoup à celle du tsar Nicolas II. Quand Grace Kelly a été tuée en voiture, ce qui m'a le plus frappée, c'est qu'aucun journaliste n'a fait remarquer la ressemblance avec le décès de la reine Astrid en 35, pareil pour Lady Di. C'est drôle, le parallèle. Quand on voyait les ayatollahs et les Iraniens danser en 79, moi ça me faisait penser aux Allemands dans les années 30, ils faisaient les mêmes grands gestes. [...] On n'en parle pas dans la presse. Le seul à avoir fait remarquer la ressemblance de 75 avec 36, c'était Maurice Druon, et on lui a dit qu'il dramatisait !

Carole, décembre 2003

JACQUES CHIRAC

Tous, sauf Marc Lavoine, qui n'avait pas de cravate, avaient fait un effort de toilette. Mais cela n'est pas le plus important ! Nous avons posé au Président des tas de questions auxquelles il a répondu avec beaucoup de gentillesse. J'ai voulu savoir quelle voiture il avait : sa voiture officielle est une Safrane. Mais autrefois, vers 1965, il avait une 403 Peugeot claire qu'il réparait lui-même. Je l'ai vue sur une photo. À la fin, il y avait un petit buffet avec des tas de bonnes choses, mais j'ai surtout mangé des petits éclairs au chocolat.

Arnaud

★

Rencontre avec Jacques Chirac, président de la République (mars-avril 2002)

Thomas : On est venus à l'Élysée pour vous interviewer sur quoi ?

Jacques Chirac : Sur tous les sujets qui peuvent intéresser les journalistes que vous êtes.

Thomas : C'est exceptionnel, aujourd'hui.

Jacques Chirac : Pour moi aussi, c'est exceptionnel. Je suis très heureux que vous soyez là.

[...]

Grégory : Il a plu beaucoup cette année au 14 juillet. Il pleuvait fort.

Jacques Chirac : Le résultat, c'est qu'entre la pluie et les pieds des gens, la pelouse a été retournée, un peu comme chez moi en Corrèze quand on sort les vaches un peu trop tôt. Et toi, tu as été mouillé ?

Grégory : Non, pas du tout, j'étais à la maison chez mes parents.

[...]

Arnaud : Encore que tu sois président de la République, te respecté-je si je te tutoie ?

Jacques Chirac : Tu peux me tutoyer, c'est le geste du cœur.

Arnaud : Je peux aussi t'appeler par ton prénom ?

Jacques Chirac : Tu peux m'appeler par mon prénom, et je voudrais aussi connaître le tien.

Arnaud : Arnaud. Jacques, je voudrais te demander pourquoi ta femme et toi vous vous vouvoyez ?

Jacques Chirac : C'est une habitude, ça n'a pas beaucoup de sens de se tutoyer ou de se vouvoyer. Je tutoie beaucoup de monde, et il y en a d'autres que je vouvoie. C'est un peu le hasard des choses. J'ai connu ma femme quand j'étais très jeune. Je l'ai vouvoyée au début, j'ai continué après.

Arnaud : Pourquoi ta fille par contre te tutoie, alors que ta femme te vouvoie ?

Jacques Chirac : Parce que ma fille m'a tutoyé dès le début. Là aussi, c'était une habitude.

Arnaud : Jacques, si tu veux bien que je te tutoie, les autres personnes aussi, tu accepterais qu'elles te tutoient si elles te le demandaient ?

Jacques Chirac : Je suis tout à fait favorable au fait qu'on me tutoie.

Florent : Aimez-vous les arts ?

Jacques Chirac : Naturellement. Mais toi aussi, tu peux me tutoyer, sinon je vais te dire vous.

Florent : Si vous voulez, on va se vouvoyer.

Jacques Chirac : Très bien, ce qui montre qu'il n'y a pas de règle qui s'impose.

[...]

Florent : Dans quelle pièce du palais sommes-nous ?

Jacques Chirac : C'est le Salon des aides de camp.

Florent : Combien y a-t-il de pièces ?

Jacques Chirac : Je ne les ai pas comptées, mais il y en a beaucoup.

Arnaud : Jacques, qu'est-ce que tu as comme voiture ?

Jacques Chirac : J'ai une voiture officielle, une Safrane qui marche très bien et que j'ai depuis que je suis ici.

Arnaud : Est-ce que tu connais la 607 chez Peugeot ?

Jacques Chirac : Je la connais. Je m'en sers pour ma campagne.

Arnaud : Est-ce que tu l'aimes ?

Jacques Chirac : J'aime toutes les voitures françaises. Je trouve que ce sont les meilleures et les plus belles.

[...]

Thomas : Jacques, tu as un bouton là.

Jacques Chirac : Je l'ai depuis ma naissance.

Thomas : Tu vas le retirer quand ?

Jacques Chirac : Comme je l'ai depuis ma naissance et qu'il m'a accompagné tout ce temps-là, eh bien il m'accompagnera jusqu'au bout.

[...]

Nathanaël : On aimerait faire quelque chose pour les Français.

Jacques Chirac : Je vais te dire ce qu'il faut faire : il faut développer l'esprit de tolérance. Les Français ont l'habitude de se battre entre eux. [...] Il faut développer la tolérance et la compréhension de tout le monde. Chacun a quelque chose à apporter. Et ce que vous faites là notamment avec *Le Papotin*, l'association, c'est quelque chose qui apporte un peu de diversité et de tolérance. C'est donc quelque chose de très positif.

Nathanaël : Mais il y a d'autres choses à faire. [...] Nous voulons que tu t'arranges pour que le commerce augmente.

Jacques Chirac : Tu as raison, c'est une ambition normale. Le commerce est essentiel dans une économie.

Nathanaël : On voudrait rendre riches tous les Français.

Jacques Chirac : Il faudrait tout faire pour que tout le monde ait les moyens nécessaires pour vivre bien.

[...]

Nathanaël : Qu'est-ce que tu as à la boutonnière ?

Jacques Chirac : C'est l'insigne de la Légion d'honneur.

Nathanaël : Je peux en avoir un ?

Jacques Chirac : Tu es trop jeune, mais puisque tu veux faire des choses pour les Français, alors un jour tu auras certainement la Légion d'honneur.

Nathanaël : Nous sommes jeunes pour cela, mais pas pour être connus. Est-ce que tu parlerais de nous à la télévision devant tous les Français ?

Jacques Chirac : Du *Papotin* ? J'en parlerais volontiers.

[...]

Nathanaël : Est-ce que tu as le sens de l'humour, Jacques ?

Jacques Chirac : Ce n'est pas moi qui peux le dire, mais j'essaie. En tous les cas, j'aime beaucoup chez les autres le sens de l'humour, je vois que tu n'en es pas dépourvu !

François B. : Je regarde votre marionnette aux Guignols de l'info.

Jacques Chirac : Il m'arrive comme toi de regarder les Guignols de l'info. Des fois, je ris, pas toujours.

[...]

Thomas : Pourquoi Paul Amar a été renvoyé ?

Jacques Chirac : Je n'ai aucun pouvoir sur la télévision.

Thomas : Qui a renvoyé Paul Amar ? Pourquoi ?

Jacques Chirac : Je ne suis pas dans le secret des télévisions.

Thomas : Tu l'aimais bien, Paul Amar ?

Jacques Chirac : Oui, mais ce n'est pas moi qui décide.

Thomas : Il a été envoyé parce qu'il a sorti des gants de boxe entre Le Pen et Tapie.

[...]

Alexandre : Comment se fait-il que les affaires de la France aillent aussi mal en ce moment ?

Jacques Chirac : On dit toujours ça. Les affaires, ça ne va jamais assez bien.

Alexandre : Est-ce qu'on ne devrait pas mettre des jeunes au Sénat au lieu de tous ces vieux croûtons ?

Jacques Chirac : Ce n'est plus vrai, il y a de plus en plus de jeunes. L'âge moyen des sénateurs a beaucoup baissé.

[...]

Alexandre : Comment se fait-il qu'on arrive à avoir encore autant de violence au siècle où nous sommes ?

Jacques Chirac : D'abord, le siècle dont nous venons de sortir était également très violent. Il y a eu énormément de guerres. [...] Partout où il y a des hommes, il y a la tentation de se battre.

[...]

Grégory : Il a fait une bêtise, Ben Laden.

Jacques Chirac : Plus qu'une grosse bêtise, c'est un acte abominable !

Grégory : Avant, il y avait le gentil commandant Massoud.

Jacques Chirac : Ben Laden est le type même de l'homme qui veut la violence et donc qui doit être condamné. Ce qu'on peut espérer, c'est que tous les gens qui sont comme lui, contre le dialogue, soient convaincus qu'ils ont tort.

[...]

Thomas : Tu connaissais François Mitterrand ?

Jacques Chirac : Oui.

Thomas : Il est au Ciel ?

Jacques Chirac : Je l'espère pour lui.

CINÉMA

Rencontre avec Jean-Marc Barr, comédien (avril 2002)

Carole : Ça ne vous dirait pas de faire un film où l'on verrait des centaines de chirurgiens en train de torturer Franco ?

Jean-Marc Barr : Franco, l'Espagnol ?

Carole : Oui, Franco en 75. Pendant un mois, une trentaine de chirurgiens se sont acharnés sur lui.

[...]

Carole : Ça ne vous dirait pas de faire un film comique avec *Le Livre des Records* ?

Violette : Tu fais le scénario, Carole ?

Carole : Oui, mais on se fait arnaquer partout, truander, escroquer. Il faut payer pour travailler.

Jean-Marc Barr : Cela a toujours existé, mais dans le cinéma, c'est pire !

★

Rencontre avec Frédéric Diefenthal, comédien (décembre 2003)

Arnaud : Frédéric, pourquoi ce film s'appelait *Taxi 2* ?

Frédéric Diefenthal : Parce que c'était la suite, le premier s'appelait *Taxi 1*, ou plutôt *Taxi*, donc le deuxième *Taxi 2*, le troisième *Taxi 3*. Comme *Mission impossible 1*, *Mission impossible 2*...

Arnaud : Et c'est un taxi 406. Pourquoi ?

Frédéric Diefenthal : Parce que beaucoup de taxis en France sont des Peugeot.

Laurent : C'est pas un turbo ?

Frédéric Diefenthal : C'est un triple turbo.

Alexandre : Ça doit booster.

Frédéric Diefenthal : Oui, je crois qu'elle booste. Elle n'a pas le droit de sortir en dehors des tournages.

Alexandre : Qu'est-ce que vous allez faire après, parce que j'imagine que vous n'allez pas être acteur toute votre vie ?

Frédéric Diefenthal : Justement, j'en parlais avec Marc Lavoine, peut-être me reconvertir dans la chanson.

Stéphane : C'est pas trop dur, les cascades dans les films ?

Frédéric Diefenthal : Ça dépend lesquelles. Tu en as qui sont plus ou moins périlleuses, mais on est quand même doublés pour ça. Quelquefois, on triche un peu.

Thomas : Moi, ce qui m'a plu dans *Taxi 2*, c'est le radar qui suivait la voiture.

Frédéric Diefenthal : C'est comme ça qu'on nous suit tous aujourd'hui. On est tous suivis par radar, en ce moment, on nous voit là. Il y a quelque chose dans l'univers qui s'appelle satellite et il nous voit tous là, à travers les murs, il voit tout ce qu'on fait ! Non, c'est pas exagéré, c'est vrai !

Anaïs : C'est le merdier !

*

Rencontre avec Patrick Chesnais, comédien (septembre 2009)

Arnaud : Patrick, je voulais te demander, pourquoi tu criais dans le film [*Je ne suis pas là pour être aimé*] mercredi dernier ?

Patrick Chesnais : Il y a un moment où le couvercle explose et c'est surtout avec mon père...

David J. : Je n'ai pas aimé le moment où tu dis : « Ça me fait chier, ça me fait chier, ça me fait chier ! »

Patrick Chesnais : Je suis très énervé contre mon père, qui n'a pas toujours un caractère très facile. C'est une espèce de vieux bougon pas commode, mais qui en même temps a du cœur.

Alexandre : Je crois que le thème moteur, c'est la communication... Communiquer, justement, c'est quand même très important.

David J. : Mais c'est de la furie, ton film !

Patrick Chesnais : Mais vous avez quand même remarqué que c'était un film d'amour aussi, une rencontre d'un homme et d'une femme.

Alexandre : Mais ça a été très masqué quand même.

Yann : Il n'y a même pas de cascades...

Patrick Chesnais : Non, c'est une histoire de sentiments, d'amour avec cette femme, mais aussi avec son père, son fils.

Florent : C'est un film très intériorisé, en fait.

Patrick Chesnais : Oui, les choses ne sont pas dites.

David J. : Moi, je pense qu'il était très inquiet quand tu disais : « Ça me fait chier, ça me fait chier, ça me fait chier ! » Il est touché dans sa dignité.

Patrick Chesnais : C'est un moment très court, mais un moment très fort. Mais qu'est-ce que vous pensez de l'histoire d'amour ? Ça vous a intéressé, vous vous en foutez ?

Grégory : Non, c'est bien, ça m'a plu.

Stéphane : Il y a aussi la scène des coupes... Il dit qu'il les a jetées à la poubelle et quand il est mort, tu trouves toutes les coupes dans son armoire.

Patrick Chesnais : C'est-à-dire que ce type est incapable de montrer aucun sentiment qui pourrait ressembler à de la tendresse ou à une forme d'amour.

Stéphane : Il ne veut pas s'attendrir.

Patrick Chesnais : Oui, et il ne veut pas donner le sentiment d'avoir un peu de tendresse alors qu'il en a beaucoup.

David J. : Tu sais ce que j'ai vu, moi ? Il y a une beauté de parfum dans le film. Ça m'a beaucoup touché.

★

À propos de *Fiesta*

Film très beau
Avec des militaires
Un peu de soldats français
Un peu de soldats portugais
Un peu de soldats marocains
Un peu de soldats juifs
Ils étaient méchants
Ils étaient coupables
Le curé, on va le fusiller
C'est un soldat très violent
Un gars du lycée militaire
Notre école nationale
Un militaire un peu trop poli
– Vous voulez du vin s'il vous plaît ?
– Volontiers !

Il y avait une jeune femme

Elle était séduisante

Jean-Louis Trintignant fait :

« Aïe, tu ne peux pas faire attention ! »

Marc Lavoine dit : « Je ne l'ai pas fait exprès ! »

Pub : Le militaire est à sa table. Il demande de la viande surgelée Charal. Il chante : « com… com… com… comtesse com mange ? »

Laurent, mai 1996

★

Lettre à Jean-Pierre Marielle

Il est très beau, très sensible.

Il est très gai, il est magnifique dans son beau costume (son costard à carreaux).

Il a du talent, il fait des rectangles.

Il est couché dans son lit, et sa femme lui dit : « Dis donc, Jean-Pierre Marielle, tu peux te lever un peu de bonne heure. Il est neuf heures un quart, vieux pépé ! – Oui, ma chérie, je me lève. – Tu mettras ton costume bleu pour aller travailler un peu chez Polac, pour parler du spectacle, pour parler du théâtre… – Oui, ma chérie. »

Jean-Pierre Marielle va chez McDonald's manger un hamburger et boire une bouteille de cidre doux. Catherine Deneuve arrive et s'assoit à côté de lui : « Oh monsieur ! Que vous me semblez beau ! Que vous me semblez triste ! – Je ne suis pas un peu largement triste, mon quotidien l'est absolument, véritablement. Vous comprenez, Mademoiselle Deneuve, ma femme m'a réveillé. – Oh, mon bébé, déshabillez-vous ! Enlevez votre veste, enlevez votre chemise, votre maillot de corps, votre montre, vos chaussures, vos chaussettes, votre pantalon et votre slip. Serveur ! Allez lui acheter des couches Pampers anti-fuites et du lait de bébé de sein. »

Jean-Pierre Marielle suce son pouce et va se promener cul nu en poussant des : « Ah gue quo qua gue coca… »

Il court, il danse, il piétine, casse les chaises, et après il pleure : « Euh, euh, euh… »

Le gendarme arrive : « Mais, dis donc, c'est pas bientôt fini cette comédie, Jean-Pierre Marielle ! Attends, le serveur va t'apporter des couches Pampers anti-fuites et tu vas coucher chez les pompiers. » Pim pom pim pom.

« Venez ici, on vous embarque à l'hôpital. Vous resterez pendant quinze jours. On vous apportera une sucette sans sucre au citron que vous jetterez dans les WC sans la manger. »

Et comme ça, Jean-Pierre Marielle se promène avec sa couche-culotte dans le monde, et forcément, il éternue.

L'infirmier : « À tes souhaits, Jean-Pierre Marielle !
– Merci… Infirmier. »

Laurent, décembre 1992

« Le clochard »

« On peut considérer que beaucoup d'expressions de jeunes "atypiques" sont des petits exploits. Toutefois, je me permets de vous signaler que je n'accepte absolument pas le clochard. Il n'est pas digne de votre journal. »

Courrier d'un lecteur, décembre 1992

★

Il fume pas
Il fait caca dans sa culotte
Il pisse aussi dans sa culotte
Il chie sur ses chaussettes
Il chie dans ses chaussures
Il pue la merde
Il pue que c'est pas beau
Il crotte beaucoup
Il fait caca dans son lit
Il pète au cul
Il va marcher avec de la merde
Il va marcher en faisant caca sur la route

Les chiens mangent le caca
Le chien mange la chaussure du monsieur avec
Plein de merde dedans et la chaussette aussi !
Il chie partout le monsieur
Il fait plein de caca dans son oreiller
Il fait plein de pipi dans son pantalon
Il est plein de merde partout
Il fait caca dans ses papiers
Il fait caca dans sa montre
Il touche son cul avec
Il mange le caca le monsieur
Un hamburger au caca
Ses ongles sont sales
Il pue l'alcool
C'est honteux un clochard
Il lui reste deux francs.

Laurent, décembre 1992

Conte de fées

Rencontre avec Frank Margerin, auteur de bandes dessinées (juin 1998)

Carole : Moi, ce que je voudrais c'est qu'on réunisse tous les contes de fée en un seul : la Belle au Bois Dormant deviendrait Sirène et, pendant son sommeil, Alice au pays des merveilles. Après, elle deviendrait Cendrillon, Blanche Neige et elle rencontrerait le Petit Prince...

Frank Margerin : C'est une idée à creuser ; ça lui ferait une journée fatigante...

Carole : Pourquoi ?

Frank Margerin : Ça ferait peut-être beaucoup pour une seule femme...

★

Blanche-Neige et les Sept Nains

Si je viens chaque semaine au Papotin, c'est parce que je rêve de rencontrer des producteurs, des scénaristes, des réalisateurs, etc. qui pourraient m'aider à réaliser des films de dessins animés.

Cela fait près de dix ans que je remue ciel et terre pour trouver une société de production qui accepterait de réunir tous les contes de fées les plus connus en un seul conte, car tous les contes ont des points communs, des ressemblances…

Ainsi, la Belle au Bois Dormant deviendrait Sirène par sécurité jusqu'à son 198e anniversaire et là, Maléfice la retrouve et en fait son esclave (Cendrillon). Et en Cendrillon allant chercher de l'eau, elle trouve une peau d'âne qu'elle cache et avec laquelle elle parvient à s'enfuir et se cacher dans une forêt où elle trouve une cabane (celle des Sept Nains) où elle s'installe jusqu'à leur arrivée et où, après une longue discussion avec Grincheux, elle parvient à s'installer. Elle profite même de sa taille pour agrandir leur cabane, considérant qu'il serait dommage qu'ils restent dans une cabane si petite avec ce qu'ils trouvaient dans leur mine de diamants.

Ainsi donc, elle se mit à chercher un lieu plus grand lorsqu'elle découvrit un trou dans le rocher suffisamment large pour les nains. Elle se mit à creuser, à élargir le trou malgré la pierre et lorsque les nains revinrent, ils furent fort surpris de découvrir Blanche-Neige à l'entrée les invitant à la suivre, ce qu'ils firent avec crainte. Tous les sept s'introduirent avec curiosité, sauf Grincheux, et après avoir longuement inspecté la grandeur et la beauté de ce lieu féérique, ils décidèrent qu'ils s'installeraient dans cette caverne et que Blanche-Neige resterait dans la cabane à l'entrée, la caverne étant trop petite pour Blanche-Neige.

Carole, septembre 2007

LES COUPS DE GUEULE DE CAROLE

Rencontre avec Julien Clerc, chanteur (mai-juin 1997)

Carole : Les agences de casting, c'est que du rack et que des escrocs. C'est que de la pourriture, que de la saloperie. Chaque fois on demande de payer, payer, payer. On paie des frais d'enregistrement, des frais de production, on paie. Et après, ils foutent le camp, ils disparaissent, plus de réponse, plus de nouvelles, plus rien. Toutes les escroqueries qu'on rencontre dans les sociétés artistiques, toutes les arnaques !

Julien Clerc : Il n'y a pas que cela dans la vie quand même !

Carole : Mais ça fait dix ans que je frappe à toutes les portes ! Dix ans que partout, on me demande de payer, payer ! À l'ANPE du spectacle, c'est rempli de trucs comme ça.

Driss : Carole, il faudrait que tu écrives un texte sur cela, sur l'escroquerie.

Carole : Justement, oui. Un feuilleton du style Dallas pour dénoncer tout cela.

★

Rencontre avec Frank Margerin, auteur de bandes dessinées (juin 1998)

Carole : C'est la merde, ces bus de banlieue !

Driss : Tu râles à chaque fois après les bus, mais d'autres jeunes les prennent et arrivent à l'heure.

Frank Margerin : C'est peut-être pour ça que les jeunes jettent des pierres sur les bus, parce qu'ils ne sont jamais à l'heure...

Carole : Les seules bandes dessinées que je peux lire sans avoir envie d'y mettre le feu, c'est *Lucky Luke* et *Astérix* !

Frank Margerin : Tu as des préjugés...

Carole : C'est d'une telle laideur, ce qu'on voit. Il n'y a plus d'histoires comme *Jacquou le Croquant*. Il n'y a plus que des histoires de cul, de crottes... Tous ces genres m'écœurent...

Frank Margerin : Il y a des bandes dessinées qui sont très tendres et poétiques.

Carole : C'était autrefois...

Frank Margerin : Mais non, maintenant. Ce ne sont que des préjugés, Carole ! C'est dommage que tu affirmes ça sans savoir. Tu serais surprise, il y a des choses très bonnes.

*

Driss : Comment trouves-tu ces sculptures ?

Carole : C'est toujours pareil. Ça ne me fait aucun effet. Il y en a tellement, alors une de plus ou de moins... C'est comme la Joconde. La Joconde, ce n'est qu'une tête, alors pourquoi la Joconde, pourquoi la Joconde ? Ce n'est qu'une tête.

Décembre 2001

*

Autrefois, j'aurais fondé l'Armée du salut, la Croix-Rouge, les Chiffonniers d'Emmaüs, la Licra, SOS Amitié, les Restos du cœur... Comme c'est déjà fait, je ferais comme Khomeiny, je lancerais une fatwa de plusieurs milliards d'argent de récompense pour :

– Inciter les producteurs à refaire tous les films qui pourrissent dans les cinémathèques et que plus personne ne voit.

– Encourager les chercheurs dans les secteurs où l'on ne s'acharne pas assez : faire des études poussées sur les plantes carnivores (si les plantes carnivores mangent des insectes, pourquoi pas les microbes, pourquoi pas les virus. Je miserais tout sur les plantes carnivores).

– Regrouper dans le même microfilm tous les articles de journaux qui parlent du même thème.

– Et je m'achèterais un sous-marin, non pas par amour de la mer, mais comme abri, parce que forcément, ça va péter : il y a 20 millions de chômeurs rien qu'en Europe...

Carole, décembre 1997

*

Carole : Aucune guerre n'a été arrêtée par un pape. Logiquement, la Ville éternelle devrait être construite à Jérusalem, c'est comme si La Mecque avait été construite à Poitiers et qu'on voyait chaque année des millions de musulmans venir en pèlerinage à Poitiers au lieu d'aller à La Mecque. [...] Je verrais bien un film avec un Vatican musulman à Poitiers, pour montrer l'absurdité, l'incohérence, l'illogisme de l'Église.

Arnaud : Je choisirais bien Carole, je la vois bien pape !

Carole : J'aimerais bien, ne serait-ce que pour débarrasser le monde de toutes ses conneries. Je prêcherais la haine des aberrations et des pratiques cléricales et de toutes ces doctrines qui font de la terre un immense asile d'aliénés. [...] J'instaurerais un impôt pour ceux qui veulent garder ces pratiques, et une réduction d'impôts à tous ceux qui cessent ces conneries.

Décembre 1997

D

Le dictionnaire d'Arnaud (extraits)

Aux premiers numéros du Papotin, *Arnaud livrait, quand on insistait un peu, quelques mots de son dictionnaire. Ça n'était jamais spontané. Il épelait chaque mot et en donnait la définition. On a réalisé un panneau avec des extraits de son dictionnaire, et le hasard m'a fait me retrouver devant ce panneau avec Georges Huard (un Québecois connaissant le syndrome d'Asperger) de passage en France. Je lui ai demandé ce qu'il en pensait et il m'a dit qu'il faisait la même chose quand il était petit. « Ma mère m'interdisait de dire certaines choses et comme il fallait que je les dise absolument, j'ai inventé des mots que j'étais seul à comprendre, pour les dire ! »*

Quavelton	Quand les cheveux sont comme ça. Ex. : Les cheveux de Richard Clayderman, le pianiste.
Baie-baie	Quand quelque chose est grand et courbé. Ex. : Quand avec un jeu d'enfant, on construit quelque chose avec un rond ovale en plastique.
Cogi	Ça veut dire « pas du tout ».

Rache-rachu	C'est une barbe un peu pendante.
Goufape-goufape-goufipe	C'est quand quelque chose m'intéresse beaucoup. Ex. : Le pied de quelqu'un d'imaginaire.
Darbe	C'est quand le jambon a mauvais goût parce que la petite opération du porc a été mal faite.
Gonaze	Comme il est, Gainsbourg.
Bjovard	L'arrière de la tête de quelqu'un qui conduit un car.
Caplaquate	Une dame pleine de bigoudis.
Crepepe-crepepe	Une chemisette à manches courtes.
Fon-fonge	Une éponge qu'on n'a pas pressée.
Freux- freux	La manière dont est un pharaon d'Égypte.
Frichird	La manière dont est illustré un beau livre.
Fograde	Une statue de Russie en bronze noir.
Frot frot frot frot frot	Un immeuble assez moderne de 10 ou 12 étages qui a du linge aux fenêtres.
Guiessabe	Manière dont est un monsieur qui fait de la planche abdominale.
Gufuge	La manière dont sont les Canadiens.
Pog-zac	Le mont de Vénus de la main.
Pog-zag	La manière dont est la tête d'un banquier.
Schipirpse	La manière dont est un crayon-feutre.

Tion-tion	Une chemise avec des carreaux jaunes.
Tivic	La tête d'un monsieur qui a les cheveux aplatis.
Val vil voul vil	La façon dont est un homme politique.
Yard yard yard yard	La façon dont on est en chaussettes.

E

« L'ÉDUC'ACTEUR »

Cette saillie était une manière « délicate » de dénoncer cette violente tendance qu'on a à corriger, à rectifier ce qui nous paraît « incorrect », « mal dit »... D'un côté, on est dans l'effort, visible, pour dire ce qui est accueilli, de l'autre côté on dit : « Ah, tu veux dire que... », ce qui ne correspond nullement à ce qui a été exprimé. Quand un Papotin, tiraillé entre l'obligation de parler et le désir de ne pas bouger, me dit : « Ah, j'ai hâte de... rester ! », il convient de recueillir son expression avec gratitude et de la mettre dans un écrin.

L'Éduc a tort
Et a raison
De panser l'idée prise au vol
Par son filet à papillons
Malmenée, il la forme et la
Déformant la reforme.
Elle n'épouse pas le calque
Qu'il se défend d'avoir
Et où avec un chausse-pied
Il l'enfonce
Gare aux durillons !

L'Éduc a tort
A sa raison
D'y mener l'autre
Par ordonnance du doc tord fort
De la raison du plus faible
Sourd à la souffrance
Qu'il éponge à pleine pognes
Que Nennies
ET POURTANT ELLE TOURNE
Mais pas au même sens
Gare au tournis !

L'Éducator qui sait nie
Ce qui l'sépare d'ordre
Et d'ainsi dit-il
Et pas l'autre ment
Il efface il gomme
Et avec l'équerre
Il trace
Un beau cercle : sa carrée
Il sacre et tient
Ferme le manche
Le Conducator
A sacrément tort
Le petit père a sa raison
Gare au butor !

Driss El Kesri, mai 1990

Évêques

Rencontre avec Monseigneur Brunin, évêque d'Ajaccio (mars-avril 2002)

Arnaud : Ce n'est pas parce que tu es prêtre que ta voiture est noire ?

Mgr Brunin : Ah non, j'ai eu d'autres voitures d'autres couleurs avant.

Arnaud : Pourquoi les prêtres s'habillent toujours en noir ?

Mgr Brunin : Quand j'étais prêtre, je n'étais pas toujours en noir, c'est depuis que je suis évêque.

Frédéric : Il n'y a pas de curés ici. Il n'y a qu'à Paris qu'il y a des curés.

Mgr Brunin : Ah non, il y en a partout des curés, à Paris comme à Lille.

François : Est-ce que Dieu existe ?

Mgr Brunin : C'est une question devant laquelle on se trouve tous, et les réponses sont différentes. Moi, je pense que Dieu existe et qu'il s'intéresse à ce que je vis et à ce que tu vis.

Aleksander : Tu es marié ?

Mgr Brunin : Non, les prêtres ne sont pas mariés parce que l'Église catholique a choisi d'appeler les prêtres parmi les célibataires pour avoir leur temps tout à fait disponible.

Alexandre : Je pensais que c'était tout simplement un péché, d'être prêtre et de se marier.

Mgr Brunin : Ce n'est pas une affaire de péché, c'est une affaire d'engagement.

Ronald : C'est quoi une femme ?

Mgr Brunin : C'est quelqu'un du sexe féminin. L'humanité est partagée en deux : hommes et femmes.

Alexandre : Ronald, j'espère que tu as été satisfait de la réponse.

[...]

Carole : Est-ce que vous connaissez un prêtre qui s'appelle Jean-François Six ? Il a créé une association qui s'appelle Unasol pour lutter contre la solitude. J'avais sonné à sa porte et il avait répondu : « Qu'est-ce que c'est ? – Je cherche Unasol. – Ben, c'est ici. » Et il me claque la porte au nez.

Mgr Brunin : Ah bon. Mais il a fait ça une ou plusieurs fois ?

Carole : Non, une fois à me traiter comme un chien, alors pourquoi il crée une association humanitaire, qu'il aille se faire foutre.

Mgr Brunin : Ça montre que les prêtres ont aussi leurs faiblesses.

[...]

Nathanaël : Et quand Paul a-t-il été pape ?

Mgr Brunin : En 1958.

Nathanaël : 1958-1963.

Mgr Brunin : Voilà, donc Paul VI, c'était en 1963, merci Nathanaël, c'est la honte pour un évêque de ne pas connaître les dates des papes. Il y a aussi eu à un moment trois papes, il y en a même un qui a dû partir en Avignon.

Thomas D. : Pour le festival ?

Nathanaël : Il faut t'améliorer si tu veux garder ton titre d'évêque.

Carole : Est-ce que vous savez d'où vient le mot crétin ? De chrétien, j'ai lu ça dans le dictionnaire.

Mgr Brunin : Je découvre que j'ai bien fait de me lever ce matin et de venir ici vous rencontrer parce que j'apprends beaucoup de choses.

★

Rencontre avec Monseigneur Gaillot, évêque de Partenia (avril 2010)

Alexandre : Sur la foi, qu'est-ce que vous avez à dire ?

Mgr Gaillot : Par rapport à ?

Alexandre : Par rapport à la foi !

Mgr Gaillot : La foi...

Alexandre : Est-ce que vous vous êtes croyant ?

Mgr Gaillot : J'essaye... J'essaye d'être croyant.

Melchior : Il est athée ?

Mgr Gaillot : C'est quelque chose qui ne s'impose pas... J'ai eu la foi très jeune et pour moi, croire en Dieu, c'est lié à croire en l'être humain. Je ne pourrais pas croire en Dieu si je ne croyais pas en l'être humain.

Alexandre : En sachant que l'être humain commet des erreurs.

Mgr Gaillot : Bien sûr, tout à fait.

Alexandre : Et qu'il est de temps en temps dérangé.

[...]

Alexandre : Oui, mais enfin vous savez des fois les êtres humains, excusez-moi de dire ça, ils peuvent être dérangés. Psychiquement parlant.

Mgr Gaillot : Et alors ?

Alexandre : Et alors, c'est à partir de ça, du dérangement de l'être humain, que les actes de barbarie arrivent.

Mgr Gaillot : Oui, mais on est toujours plus grand que son crime. Quels que soient les actes de barbarie, un être humain reste un être humain.

Alexandre : Oui, mais...

Mgr Gaillot : On est toujours plus grand que son crime, je crois.

Alexandre : Oui, mais quand tu commets un acte de barbarie, tu vas en taule.

Mgr Gaillot : C'est vrai. Je vais à la prison où il y a des gens qui ont tué ; donc ils ont du sang sur les mains. Et alors on me dit parfois : « Vous donnez la main à quelqu'un qui a tué comme ça ? » Je dis : « Oui, c'est un être humain. »

[...]

Grégory : Tu fais quoi de ton corps, Monseigneur ?

Mgr Gaillot : Je vais te raconter une histoire, elle m'est arrivée dans le métro. Je prends le métro en fin d'après-midi, à une heure de pointe.

Thomas : Où ?

Mgr Gaillot : Je prends la ligne 7.

Grégory : Tu prends souvent la ligne 7 ?

Mgr Gaillot : Oui. Souvent.

Grégory : Et tu aimes beaucoup les métros ?

Mgr Gaillot : Non.

Grégory : Tu n'aimes pas trop les métros ?

Mgr Gaillot : Je n'aime pas tout ce qui est sous terre. Mais on est bien obligé.

Grégory : Ben oui. Ça t'étouffe. Des fois tu es étouffé ?

Mgr Gaillot : Oui.

Grégory : Et vous n'avez pas de voiture, Monseigneur ?

Mgr Gaillot : Je n'ai pas de voiture. Alors attends, je prends le métro à une heure de pointe, vers 18h30. Il y avait tellement de monde que j'étais debout serré et qu'avec ma main je ne pouvais pas trouver de point d'appui. Et alors selon les secousses du métro, je me reposais un peu sur les uns, un peu sur les autres. Et quelqu'un qui m'avait reconnu s'amusait de ma situation précaire. Et comme on est descendu à la même station, je n'ai pas pu m'empêcher de lui dire : « Vous voyez, ce qui fait tenir debout un évêque, ce sont les gens. » Ce sont les gens qui me tenaient debout. Eh bien moi, j'aime bien être avec des gens. Je ne me vois pas tout seul.

[...]

David S. : Pourquoi il n'y a pas de femme évêque ?

Mgr Gaillot : Je crois que le jour où il y aura des évêques mariés, je crois qu'il y aurait...

Melchior : Des évêquiennes !

Mgr Gaillot : Il y aura des évêques mariés.

[...]

Laura : Comment on fait quand on n'est pas d'accord avec le Pape, le représentant de cette institution, comment vous faites ? Vous continuez à travailler et à défendre... Parce que nous, quand on n'est pas dans l'Église, c'est peut être plus facile pour nous de critiquer une institution avec laquelle on n'est pas d'accord, mais vous, comment vous faites quand vous n'êtes pas d'accord ?

Mgr Gaillot : Je suis très attaché à la liberté de parole. Sur les sujets de société, etc., je ne m'en suis pas privé, mais ça devenait un peut insupportable par rapport à avant. Et donc c'est comme ça que j'ai été viré. J'ai quitté Évreux en 1995 parce qu'il fallait qu'on me fasse taire en quelque sorte. Et donc je suis hors les murs. Si j'étais évêque d'Évreux, je ne serais pas avec vous ce matin. C'est grâce à Rome que je suis là ! [...] Je me rappelle, le préservatif il y a 20 ans. Sur la contraception et tout ça, bon ben... Il ne faut pas sacraliser la personne du Pape. Il ne faut pas sacraliser les gens de la religion. Nous sommes des hommes comme les autres. On a une fonction et on peut se tromper. Vous savez, tant qu'on a peur, on n'est pas libre. Mais quand on est libre, ça fait peur.

Alexandre : Qu'est-ce que vous en pensez, vous, du Pape ?

Mgr Gaillot : Ce que je peux dire, c'est que quand il a été élu Pape, pour moi ça a été comme une douche froide.

Alexandre : C'est-à-dire ?

Mgr Gaillot : Eh bien, je n'aime pas les douches froides. J'étais à la fois surpris et un peu douché. Le connaissant déjà avant, j'ai dit, c'est comme ça qu'il sera. Alors, j'ai été critiqué par des gens disant « il faut laisser la chance aux gens d'évoluer. » C'est vrai, j'ai dit : « Je veux bien que le Pape m'étonne, je souhaiterais être étonné par lui. » Après tout, ayant une responsabilité plus large, peut-être qu'il peut changer, mais non, ça n'a pas changé. Mais tout ne dépend pas du Pape heureusement, sur le terrain, la vie est forte.

Alexandre : Alors est-ce que vous vous êtes cloîtré, ou est-ce que vous arrivez à avoir des occupations ?

Mgr Gaillot : Je ne supporte pas les murs.

Alexandre : Vous ne supportez pas les murs ?

Mgr Gaillot : Quand je vais en prison, ma première idée c'est de me dire : « Comment je pourrais m'évader ? » Et j'ai beaucoup d'admiration pour ceux qui s'évadent.

Melchior : En cassant la porte.

Mgr Gaillot : Quand quelqu'un s'évade, j'ai beaucoup d'admiration. Je me dis vraiment, il a du tempérament. De prendre un risque comme ça. Et j'ai toujours peur qu'on les reprenne, et on les reprend souvent. [...] Vous voyez, à Port-au-Prince en Haïti quand il y a eu le grand cataclysme, là.

Alexandre : Ben, il y a eu un séisme.

Mgr Gaillot : Il y a eu une immense prison de 4000 personnes, 4000. Et alors les murs se sont écroulés. Et les prisonniers se sont taillés. Pour moi, la première belle chose de ce tremblement de terre, c'est d'avoir libéré les prisonniers. Mais les gens n'étaient pas contents que je dise ça.

M

Mireille Mathieu

Lettre d'Arnaud à Mireille Mathieu

Toi ma petite toi.
Ton visage est gabatoi.
Tu es une adorable personne.

Puisque ça sent la douceur à tes pieds,
Puisque aussi sur tes cheveux, sur ta tête, sur ton ventre,
Puisque 3 x 9 font 27,
POURQUOI 24 + 3 font aussi 27 ?
C'est quelque chose qui fait tout drôle.
Comme dans la chanson de Brassens, « La prière », on dit :
« Par la Vierge vendue qu'on a déshabillée,
Par le fils dont la mère a été insultée. »

Comme aussi dans la poésie « Le Dormeur du Val », on dit :
« Les pieds dans les glaïeuls il dort
Souriant comme souriait un enfant malade. »

Comme dans la chanson de Graeme Allwright, « La mer immense », il dit :

« Mes doigts aux épines que j'ai blessés, là dans le fleuve. »

Comme dans ma politique à moi je dis :

Une jeune fille de 21 ans reste tout habillée pour faire du yoga.

Ensuite je dis :

Parce qu'elle est pudique,

Douze chiens pour un voyage en Extrême-Orient, sacrifiés,

Depuis qu'il est arrivé des malheurs à la petite fille qui s'appelle Sophie.

Comme dans le Notre Père, on dit :

« Donne-nous aujourd'hui notre pain de ce jour,

Pardonne-nous nos offenses comme nous pardonnons aussi à ceux qui nous ont offensés. »

Comme dans la chanson de Michel Sardou, « Le vieux est de retour », il dit :

« Et qui ont refait dans sa tête un monde avec des mots d'enfant.

Tu n'es qu'un pauvre militaire. »

Et comme il dit dans sa chanson Danton :

« Je n'ai peur de ces chiens

Qui s'acharnent à mordre la main.

Président, laisse-moi parler, tu te prépares un avenir. »

Et comme Souchon dit dans sa chanson « Tout doux » :

« Une voix de fille au téléphone
Et je mourrai du temps qui passe. »

Mireille, peux-tu m'expliquer cela ?
J'aimerais te voir en vrai.

Mai 1992

★

Rencontre avec Mireille Mathieu, chanteuse (juillet 1994)

Arnaud : As-tu reçu ma lettre ?

Mireille Mathieu : Bien sûr que j'ai reçu ta lettre ! [...] J'ai été très sensible au mot que tu m'as fait parvenir. Je t'ai apporté un petit cadeau, c'est mon buste de Marianne.

Arnaud : Oh, je ne saurais pas où le mettre, tu sais, il a l'air bien grand.

Mireille Mathieu : Eh bien, tu le mets où tu veux...

Arnaud : Pourquoi pour Noël, tu m'as envoyé une photo de toi ?

Mireille Mathieu : Parce que dans *Le Papotin*, j'ai vu que tu as écrit sur moi, ça m'a touchée.

Arnaud : Je peux t'appeler Mireille Mathieu ?

Mireille Mathieu : Mais Mireille tout court, tu peux aussi. Et moi, je peux t'appeler Arnaud ?

Arnaud : Oui. Pourquoi tu m'as apporté ça ?

Mireille Mathieu : Je voulais te l'offrir.

Arnaud : Merci, je ne vais pas savoir où la mettre, elle est assez grande.

Mireille Mathieu : Peut-être qu'il y a un endroit ici, puisque tu es ici, où on pourra...

Arnaud : On pourrait peut-être la laisser ici, cette statue, parce qu'elle est assez grande. Il n'y aura peut-être pas la place pour la mettre chez moi.

Mireille Mathieu : Il n'y a pas de place chez toi, à la maison ?

Arnaud : Oh non ! Ma mère m'a dit : « Les choses, on ne sait plus où les mettre, tellement il y en a. » Mireille, j'aurais trouvé un coin pour mettre cette statue. On pourrait peut-être la mettre là sur l'étagère, es-tu d'accord ? [...] Je ne sais pas si je pourrais la mettre chez moi, j'ai tellement de choses. Ça ne t'effarouche pas que je te dise ça ?

Mireille Mathieu : Non, non.

[...]

Arnaud : C'est pas une statue de toi ? Je ne te reconnais pas, on dirait plutôt Marianne.

Mireille Mathieu : C'est Marianne, c'est moi en Marianne.

[...]

Arnaud : Ça va, Mireille Mathieu ?

Mireille Mathieu : Oui, ça va. Tu peux m'appeler Mireille, Arnaud ! Tu me dis de te tutoyer et tu m'appelles Mireille Mathieu.

Arnaud : C'est parce que les artistes, on les appelle par leur prénom et leur nom. Donc je peux t'appeler Mireille Mathieu ?

Mireille Mathieu : Tu peux m'appeler Mireille Mathieu.

[...]

Arnaud : Pourquoi tu as chanté en chinois ?

Mireille Mathieu : Parce qu'on me l'a demandé. Tu veux que je chante un peu en chinois ?

Arnaud : Non merci.

Arnaud : Tu es l'équivalent de Claude François, tu savais ?

Mireille Mathieu : Ah non, non, j'adorais Claude.

Arnaud : Et tu es la moitié de l'équivalent de Marc Lavoine, il est l'équivalent de l'équivalent de Françoise Hardy, tu savais ?

Mireille Mathieu : Ah non, tu me l'apprends.

Arnaud : Comme Marc Lavoine, il est l'équivalent de l'équivalent de Claude François, et l'équivalent de Françoise Hardy. C'est pour ne pas confondre que je dis : équivalent d'équivalent et moitié d'équivalent, tu comprends ?

Mireille Mathieu : Oui, oui, je te comprends.

Arnaud : Tu sais de quoi ça parle dans ton livre ? Ça parle d'habillage, de rose qu'on met dans sa valise, ça parle aussi du tutoiement, ça parle de marchands de tel et tel aliment, et ça parle d'artistes que je connais. À la page 155, j'ai retenu qu'il y avait : « On se tutoie, on se fait des blagues », bien qu'il y ait tellement de pages dans ce livre...

[...]

Arnaud : Pourquoi il y a une chanson qui s'appelle « L'amour et ma vie que je te dois » ? C'est que tu dis plusieurs fois dans cette chanson « toi », c'est ça qui m'amuse. Est-ce à Johnny Stark que tu disais ça dans la chanson ?

Mireille Mathieu : Non, ce n'est pas à Johnny Stark.

Arnaud : La chanson « L'Américain », il s'agit de Johnny Stark ?

Mireille Mathieu : Oui...

Arnaud : De quoi est mort Johnny Stark ?

Mireille Mathieu : Johnny Stark était cardiaque, il est mort d'un infarctus.

Arnaud : Il est mort vieux ?

Mireille Mathieu : Non, il n'est pas mort vieux.

Arnaud : Toi, tu le tutoyais Johnny Stark ?

Mireille Mathieu : Non, je le vouvoyais. Par respect. Quand j'ai débuté et fait sa connaissance, il était très grand et moi toute petite, et je n'ai jamais pu lui dire « tu ».

Arnaud : Et lui, il te tutoyait ?

Mireille Mathieu : Lui me tutoyait, oui.

Arnaud : S'il avait voulu que tu le tutoies, tu aurais aussi pu le tutoyer.

Mireille Mathieu : Je crois qu'il voulait, mais je ne pouvais pas.

Arnaud : Pourquoi dans la chanson « America », tu chantes : « Je te reverrai toujours avec un cigare à la main » ?

Mireille Mathieu : Parce que c'était une chanson qui était un hommage à Johnny Stark. Il fumait des cigares.

Arnaud : Dans la chanson, on dirait que tu le tutoies. Ça t'arrivait donc de le tutoyer.

Mireille Mathieu : Non, jamais.

[...]

Arnaud : Je peux te demander ce que tu as dans ton sac ?

Mireille Mathieu : J'ai des secrets que je ne peux pas te montrer.

Arnaud : Pourquoi tu ne peux pas ?

Mireille Mathieu : La prochaine fois, je te montrerai.

Arnaud : Pourquoi tu me montrerais une autre fois ?

Mireille Mathieu : Parce que je te montrerai en cachette.

*

Histoire d'Arnaud à Mireille Mathieu

Voilà, j'ai écrit une histoire sur toi qui vas visiter le Grand Trianon avec ton impresario. Dans l'histoire, vous vous tutoyez tous les deux... Vous allez déjeuner au restaurant, à l'Acropole, c'est de toi dont il s'agit comme Mireille Mathieu et pas d'une autre Mireille et c'est aussi de Johnny Stark, que je connais, dont il s'agit. Eh bien que vous couchez pas ensemble puisque vous n'êtes pas mariés, tu couches quand même auprès de lui, parce que là c'est une exception, c'est pour que tu ne t'ennuies pas, c'est pour qu'il soit avec toi. Parce que dans la vie, déjà qu'on fait pas toujours ce qu'on veut, on se croit tout obligé, rien permis.

Juillet 1994

« Meurtre à répétition »

Ça se passe à New York, un soir de décembre, avant Noël.

Je m'appelle David dans l'histoire et je suis détective privé. J'habite à Brooklyn et je fais une enquête sur une affaire de meurtre.

Je sais qui a tué ma femme : c'est son petit ami. J'ai des gamins avec elle : deux fils et une fille.

Je fais des enquêtes à gauche, à droite, dans le quartier de Brooklyn et je trouve le meurtrier dans un hôtel, chambre 304. Je passais par là, je ne savais pas que le meurtrier était là. Il sort, il paie sa note. Je fais des enquêtes sur ce qu'il fait et ce qu'il ne fait pas, dans mon bureau. Le matin, j'envoie des hommes qui travaillent pour moi pour le suivre et ils me disent des précisions. Après, ils me téléphonent pour me donner un rendez-vous, pour me dire l'heure et l'endroit où il la tué ma femme.

Je lui fais payer tout ce qu'il a fait à ma pauvre femme.

Je change de pays, de nom, et je protège mes enfants. À la fin, je le tue et je venge ma femme.

Je lègue mes affaires à mes enfants avant de mourir.

Je me fais tuer par le meurtrier.

La police le trouve et le fout à la chaise électrique.

Mes enfants donnent le nom de leur père et le nom de leur mère à leurs enfants. Ils continuent le métier de détective privé de génération en génération. Ils ont des enfants et se marient. Ils travaillent et, à la fin, ils se font tuer par le même criminel.

Les enfants de mes enfants se marient et entrent au pouvoir. Ils changent de quartier. Ils vont à Las Vegas et s'engagent dans l'État à travailler plus haut que leur mère et leur père. Ils vont beaucoup plus loin à chercher comment ils sont morts. Ils cherchent à comprendre pourquoi.

À la fin, quand le gars sort de prison, ce sont eux qui le tuent. Puis, ils changent de nom et on ne les retrouve plus. Ils vengent tout ce qu'il y a eu. Le meurtrier est mort. Eux, ils ne peuvent pas aller en prison puisqu'ils font partie de l'État. Ils s'expliquent au juge. Le juge cherche un arrangement pour s'arranger, pour dire que c'est un accident.

À la fin, c'est fini : ils continuent à vivre leur vie en bien.

Saïd, décembre 2003

Les mots

L'écriture

C'est écrire sans dépasser les limites
Des mots et encore beaucoup de mots
Des phrases un peu jeunes.
Écrire
C'est Maman aimable
Ou plus aimable.
C'est beaucoup de gommes pour effacer
Mélange maman-écriture.
C'est des articles
Des affichettes
Un moulin à paroles.
C'est dur et pas facilement difficile
C'est comprendre les chiffres honnêtes
(Les chiffres des églises)
C'est raconter des phrases naturellement mauvaises
C'est engueuler les vaches qui rient
C'est cruellement difficile à expliquer aux gens.

Henning, mai-juin 1997

★

Sophie et les autres

Au mot soie après « so » et avant « ie »
On ajoute « ph » et on trouve Sophie.
Mais Sophie ressemble surtout à un chien.
Moi, j'aime beaucoup les chats
C'est un univers de douceur
Mais pas le chat qui miaule
Le chat-personne
Les chats petits « toi »
Doux comme la soie.

Avec Christophe, on peut faire Sophie.
C'est un nom qui me fait parfois peur
Quand on le dit.
Valérie, c'est charmant : c'est un val où
On se lave avec.
Charlotte en culotte.
Christiane, c'est le chien et le chat à la fois.
Justine, quelle tartine !
Avec Jocelyne, je fais de la purée
Mousseline.
Avec Michèle, je monte à l'échelle
Dedans.
Janine les canines
Marie France c'est la France sans
Marie
Et Pascale, c'est un lac à l'eau jolie.

Arnaud, mai 1992

*

Les pieds

Dès que les pieds en papier de la poupée de la princesse piétinée dans le pot aux roses sous le parapluie qui prend les pommes du percepteur prompt à punir perd au ping-pong projette sur les petits poux qui passent partout en prônant la prison des prix du pain pourri par les papillons éperdus qui perdent ses polissons dans les pattes des paons dont les plumes de pigeons prénommés pif paf pouf parce qu'ils piaillent dans la paille où pourrit la peau de la proie du putois qui prépare pour le printemps prochain des potions aux proportions pittoresques pour plonger en principe avec le paquet sur le parquet de la papauté perdue sous le pont Pie X.

Les papiers prototypiques-niquent en plaçant des pépins de pruneaux des pâtes pointées vers le poêle prêt à penser à la propreté des paupières des poules paniquées par la pompe du pompiste nommé par les peintres qui peignent en profondeur tous les pommiers dès que les poulpes qui poussent au pif dans les poumons du plombier probablement peu préoccupé par la prodigieuse propagande que procurent les paniers de poires produisant un problématique et pétrifiant procédé palpitant où l'on y perd son âge.

Carole, mai-juin 1997

P

Papotin

Anselme est venu un jour au Papotin nous apporter cette douceur unique propre à ces êtres en grande souffrance. Et puis, il n'est plus revenu. C'était court, mais il nous a marqués à jamais.

Le Papotin

Loin du silence
Tout le monde parle dans tous les sens
Est-ce de la démence ou une bonne ambiance.
Je dirais c'est vivant
Des êtres, des vies,
Les rires, les gestes
Amplifiés, pour que rien ne reste
De négatif
Dans les cœurs.
Le mal rejeté
C'est l'heure
C'est notre heure
De bonheur
De joie/de foi
En nous

Dionysos se met à genoux
La fête, le théâtre,
Une scène, un spectacle
Sans aucun obstacle.

Anselme, septembre 2009

★

Lettre de Marc Lavoine aux Papotins, mai 1992

Ce jour-là
J'avais le trac
Je ne vous avais jamais vus
Sauf en photo dans le journal
Je vous avais lus simplement
Et simplement j'ai eu envie de vous connaître.

Pas si simple comme bonjour…

Il y a des bonjours qui vous font un effet
Cet effet
Cette effervescence
Ces fourmis sur la face et les fesses
La frousse…
J'avais si trouille.

J'avais tellement envie de savoir qui
Qui avait écrit ces beaux potins de poèmes
Ce pas vers moi, ce Papotin.

Et puis ce fut ce jour-là
Ce jour J

Ce jour j'y vais
Ce jour j'y suis

Et vous m'avez ouvert la porte
Les bras
Le cœur je crois
Et cette petite fenêtre sur la ville
Qui est la vôtre

Il y a eu ces silences
Ces observations, ces impressions, ces ressemblances
Il y a eu ces vagues, je les ai senties.

Alors nous avons mangé des croissants
Bu du café

Et puis
Nous avons papoté
Petit à petit
Et puis
Petit à petit
Ce rythme nous a fait oublier dehors
Rassemblé dedans.

Qu'est-ce qu'on s'est marré

On a mangé à la cantine
On a eu du mal à se dire au revoir

Dans la voiture qui rentrait sur Paris
Je savais que ce jour-là était comme vous
Un jour qu'on n'oublie pas.

*

Comité de rédaction

Carole : Est-ce que vous écrivez des articles sur le chômage ?

François Mosnier : Moi non.

Saïd : Il écrit sur le fromage.

François : Bresse bleu…

Laurent *(très en colère)* : Les handicapés sont comme ça : ils confondent les choses. Si on continue comme ça, *Le Papotin* est foutu !

Carole : Et si on mettait « hommage au chômage » ?

Laurent *(toujours en colère)* : Alors là, j'appelle la police !

Saïd : Il est vraiment en colère…

Arnaud *(voulant ramener le calme)* : Je trouve que la nouvelle présidente du RPR est assez intéressante, car elle n'est pas trop vieille comme dame, elle m'intéresse assez, son visage n'est pas plissé, il est plat, on pourrait l'inviter au *Papotin* !

Driss : Ça me plairait bien.

Carole : Et les inondations au Venezuela, on présente ça comme un drame, une fatalité, alors qu'il y avait la déforestation avant… Toutes les catastrophes sont causées par l'homme.

Laurent : C'est comme la marée noire, des fois elle part, des fois elle vient. Et des fois, la mer est verte. Et puis elle est bleue. Elle passe par toutes les couleurs.

Carole : Il y a de plus en plus de séismes.

Driss : Il paraît que non. Il y a de plus en plus de victimes, mais il n'y a pas plus de séismes.

Carole : Les séismes sont causés par tous ces morts qui se retournent dans leurs tombes.

Collectif, mai 2000

★

Travail impossible

On m'a demandé de faire un travail sur une chose qui

Ne se fait pas et ne se dit pas : donc je ne peux pas

L'écrire, je suis coincé.

Il y a des choses qu'on peut se dire dans l'intimité et

Pas en public. Moi j'ai tendance à les dire quand même

En public.

Brigitte est sympathique, mais sa patience a des limites.

Il faut que je me tienne à carreau.

Avec Françoise, je peux facilement lui dire les choses.

Driss, je le connais depuis 1988,

Je sais ses réactions : quand un jeune perturbe la

Séance du Papotin, il parle fermement, mais il a raison.

Arnaud, décembre 2003

« Le pet gentil et magnifique »

Les gens croisent d'autres gens
Ils entendent un bruit bizarre
Et le pet arrive en sanglots
Et tout à coup disparaît.
Les gens : « S'est-il évaporé ? »
Le Pet : « Bonjour les gens,
Je suis le plus beau pet de France
Toujours de pet en fils
Mon arrière-grand-pet a connu les mille
Et une nuits,
A même connu le Moyen Âge. »
On sort le soir en concert
Un air de jazz
Un paso-doble..
Le génie diabolique lui jette un sort :
« Allez rejoindre les fesses
Et en souplesse,
Émir express ! »
L'orage éclate
Et la paix se fait.

Stéphane, mai 1996

Picasso

L'art

L'art est un monde extra-fou où toutes les angoisses, les bonheurs, les malheurs, les joies, les peines se rencontrent. C'est le monde de l'imaginaire. C'est là où l'on s'évade. Mais ça peut être un rouleau de pâtisserie, une crêpe aux œufs...

Collectif, septembre 2009

*

Les citrons du musée Picasso

Les journalistes du *Papotin* sont peu suspects de complaisance. Aussi quand Arnaud, après la visite, a dit à notre très aimable guide : « C'est un très beau musée. J'aimerais revenir et même y passer la nuit tellement il me plaît », ce n'était pas par politesse, encore qu'il est extraordinairement poli, mais par intérêt réel : il a beaucoup apprécié l'architecture de l'hôtel Salé et aussi le fait que personne en ce lieu ne lui a dit : « Ça ne te regarde pas ! » De même que c'était une occasion de vérifier auprès d'une nouvelle connaissance, en l'occurrence notre charmante hôtesse, la certitude qu'il a que Claude François, avant son électrocution, tutoyait bien sa secrétaire. Et puis, il voit pour la troisième fois Marc Lavoine en vrai.

Le guide : Avez-vous apprécié toutes ces œuvres ?

Arnaud : Oui... J'aime beaucoup les moulures du plafond !

Bruno, déboulant dans les salles du musée comme un diable surgissant de sa boîte, armé de ses... feutres, a semé la panique. Il a eu droit à une ombre discrète dépêchée discrètement par l'administration. L'ombre était-elle rassurée de le voir systématiquement tourner le dos aux œuvres, regardant en se dandinant ceux qui essaient de regarder à travers lui !

Stéphane n'a pas assez de ses yeux pour voir, et les gens, et les lieux, et les œuvres, et nous dedans et dehors, et avec le sourire le plus doux de la terre. Vous me demandez comme de voir. Voyez comme je vois, comme je vous vois en train de me voir :

« J'ai vu une tête de vache faite en selle et barre de fer.

J'ai vu un tableau-tapisserie de cinq personnages en papier-peint.

J'ai vu une chèvre enceinte faite en bois de squelette.

J'ai vu que les gens se parfument pour aller voir les tableaux de Picasso.

J'ai vu les gens qui lisent les textes pour aller voir les tableaux de Picasso.

J'ai vu des gens qui grésillent et font le grand écart devant les tableaux de Picasso.

J'en ai vu qui déjeunent en voyant un tableau de Picasso.

J'en ai vu qui admirent la copie derrière le tableau de Picasso.

J'ai vu les gens qui regardent de tableau en tableau en racontant le tableau.

J'ai vu des gens qui voient une image, une maison, une voiture et imaginent un village dans le tableau.

J'ai vu un animal dans un tableau encadré exposé dans le musée qui broutait de l'herbe alors qu'il faisait noir.

J'ai vu des gens qui ont du goût, beaucoup de goût, admirer un tableau qui manque de couleurs. Par milliers ils arrivent pour voir le tableau en forme de poisson : un leurre de plusieurs couleurs.

J'ai vu des gens qui voient des extraterrestres dans le musée Picasso. »

Laurent jubilait : il a écouté avec une très grande attention le guide détailler tous les objets hétéroclites que Picasso utilisait dans ses sculptures (selles de vélo, morceaux de fer, paniers, chaussures, moules à gâteaux…) : « Ah, quel farceur ce Picasso, que balutin [beau lutin ?]. Ah qué coquin qué coquin ! » Il voit le petit galopin se faisant tancer par sa mère pour tout le désordre qu'il fait :

« Ils sont très gentils Picasso et Paloma.
Ils vont chez le coiffeur lui couper les cheveux.
Couette couette couette la précision.
Picasso est amoureux :

Il a mal à la gorge chez le docteur 6 francs 80
Il suce le citron.
L'Épaté a mal aux dents.
Picasso est ravi dans son château.
Pain au lait et café.
Picasso va chez Axa Assurances.
Il aime Johann.
Picasso mange des pâtes
Il est comme Napoléon.
Picasso ressemble à une diligence d'origine américaine.
On dirait un marin qui aime la pêche à la truite.
Picasso sur l'eau a peur de Caracoulolo (le fantôme).
Picasso est un peu Russie
Il aime bien les girafes
Il aime bien Paule.
Picasso est résistant
Il est 100 % HÉHÉ
Il est le balutin
Il est bure teint.
Il a un cul de Franc
Une douille.

– Picasso range-moi ta chambre, c'est un vrai taudis, dit maman Picasso.

Picasso pleure et s'y met : plus il range, plus ses voisins sont dérangés. »

Driss, Laurent et Stéphane, décembre 1992

Pieds

Arnaud exprime depuis toujours son intérêt pour le pied féminin. Fétichisme ou fixation infantile ? L'« effet pieds » est partagé par beaucoup de Papotins, mais la manière dont ils l'expriment ne produit jamais de malaise. Nos invitées répondent tranquillement en fonction du rapport qu'elles ont avec leurs pieds.

Le pied jaloux

J'ai deux pieds
La chaise en a quatre
Des doubles pieds (mais c'est pour rire).
Elle ne peut s'accroupir sur un pied
Ni raconter l'histoire
Du pied jaloux (piège à loups) « c'est pour rire »
Qui se laissait vivre par sa flemme : il dormait toute la journée.
Il se levait juste pour manger et regarder le journal.
Un jour que le pied regardait passer une locomotive pleine
De pieds, il eut un rire bizarre : un ricanement lugubre qui fit sursauter les chiens.

Dans un brouillard, le pied rêvait qu'il avait des dents pointues comme un requin.

Le pied entendit alors d'autres pieds ricaner, qui faisaient fuir les pieds.

Le pied lui en fit voir de toutes les couleurs : les pieds s'échappaient comme un troupeau :

Des milliers de pieds se dispersèrent entre eux et, tout d'un coup, il n'y avait qu'un pied.

Ce pied-là s'ennuyait.

Où sont passés les pieds ?

Les gens n'ont plus de pieds pour marcher.

Tous les pieds se réunirent en une surprise-party :

Le pied triste et le pied, qui se croisent et ne se rencontrent jamais.

D'autres se font des pieds de nez

D'autres se mettent à deux pour applaudir.

Et le pied jaloux se referme sur lui.

Stéphane, décembre 1991

*

Les pieds, c'est quelque chose,
C'est des pieds humains,
Des pieds qu'on choisit dans le commun.
Les pieds ne peuvent pas rester comme ça
Ça déboule tout le monde
Ça rentre dans le machin
Ça rend les enfants humains
Ils rentrent chez eux.

Y a des pieds de gauchers
Y a des pieds noirs enfoncés
Qui peuvent être stimulés
Ça assume les pieds, et peuvent rester tranquilles.

Les pieds, c'est des mains qu'on n'a jamais vues
« Des jeux de pieds en commun »,
Comme dit machin qui commence à se marier et à dringoler.

À la sortie, les pieds étaient restés seuls.

Paule N., décembre 1991

★

Le pied

Les pieds des jeunes filles, comme les jeunes filles, sont intéressants, ça sent sûrement très doux à leurs pieds, ça sent la délicatesse, ça sent délicat, gentil ! gentillet ! amusant !

Si ça se faisait de chatouiller sous les pieds ou de se sentir les pieds pour que ce soit intéressant, on le ferait seulement aux filles et aux dames, mais pas aux messieurs, parce que les messieurs, ce n'est pas intéressant, et non plus aux jeunes hommes.

Au cas où ça se ferait, quand on le ferait aux dames, ce serait seulement à celles qui sont jeunes, pas aux vieilles dames. Par exemple, on pourrait le faire à Heather Locklear, si ça se faisait, parce que cette dame-là, elle est intéressante parce qu'elle est jeune. Celle qui s'appelle Amanda dans *Melrose Place*, donc ce n'est pas son vrai nom, et aussi Céline, je le lui aurais probablement demandé, si elle aimerait qu'on la chatouille sous les pieds, parce que je demande souvent aux filles si elles aimeraient, tellement c'est intéressant les filles, pour certaines.

Aux filles d'Antony, ça m'intéresse que ça sente doux à leurs pieds.

Les pieds des gens avant les pieds et après les talons, ça ressemble aux raies des feux arrière des Mercedes.

Arnaud, décembre 2001

★

– Tu chausses du combien, toi ?

Mireille Mathieu : « J'ai un tout petit pied, un pied d'enfant, je chausse du 33. »

Carla Bruni : « Je chausse du 40. C'est beaucoup, 40. C'est grand, 40. C'est la honte de faire du 40 ! Moi, ça me donne honte depuis que je suis petite, mes pieds. J'aurais voulu les couper. »

Zazie : « Du 39. Pour ma taille, c'est des petits pieds. »

Barbara : « Du 40. J'ai des grands pieds. »

– Aimerais-tu qu'on te chatouille les pieds ?

Caroline Tresca : « Oui, car sous la plante des pieds, il y a tout le système nerveux, c'est génial, c'est la détente. »

Zazie : « Je te remercie de la proposition très sympathique, mais je n'aime pas trop les chatouilles. Après je n'arrive pas à me contrôler, je rigole toute la journée. »

Arnaud : La jeune femme sur le cheval, elle aurait pu aussi ne pas être pieds nus ?

Bartabas [chorégraphe] : Oui, mais pieds nus, c'est plus joli.

Arnaud : En plus, c'est comme ça que ça peut m'intéresser ; donc est-ce que c'est pour moi qu'on l'a mise pieds nus ?

Bartabas : Entre autres...

Arnaud : Tu aimerais ou pas qu'on te chatouille sous les pieds ?

Cécile Duflot : Oh, ça m'arrive des fois.

Arnaud : Tu es chatouilleuse ?

Cécile Duflot : Oui, je suis chatouilleuse.

Arnaud : Tu crains les chatouilles ?

Cécile Duflot : Oui.

Les poèmes de Robert

La Peur

J'ai peur de la peur.
Laissez-moi un coin dans un coin.
Je ne sais l'heure de l'heure.
J'ai envie de partir dans une mère
Inconnue.

Mai 2000

*

Vision

Femme fumant
La soie
Les rivières de diamant
Blanche
Comme l'église
Femme fumant
Les gens crachant
En colère

Dans ce train
De nuit
Femme belle
Sans sens
Le temps danse
Peur de sa joie
Face à la peur.

Mai 2000

★

Dis-moi le nom

Ciel en ciel
Dis-moi le nom
De la fille que j'ai
Rêvée !
Ses yeux heureux
De voleuse de diamants
Mer en mer
Dis-moi le nom
De la fille que je tenais
À la voix rauque
De marin amoureux
Mur en mur
Rien que toi
Rien que moi
Pour enfermer le souvenir
De ton visage.

Mars 1995

*

Le peintre est parti

Seul avec ses couleurs
Face à son tableau
Face à la terre
Se pendre
La vie continue son chemin inconnu.

Mars-avril 2002

Politiques

Les rencontres de ce type sont des événements pour toute l'équipe de la rédaction : ils marquent chaque fois notre inscription effective dans la vie politique et sociale et montrent à chaque fois combien les Papotins sont des citoyens concernés et attentifs.

Rencontre avec Roselyne Bachelot, ministre de la Santé (janvier 2010)

Arnaud : C'est quand ton anniversaire ?

Roselyne Bachelot : Je suis née le 24 décembre à minuit, comme le petit Jésus. Je vais avoir 63 ans, pour l'instant j'ai 62 ans.

Grégory : Qu'est-ce que vous faites comme métier dans la vie ?

Roselyne Bachelot : Je suis docteur en pharmacie.

Grégory : Et vous travaillez avec qui ?

Roselyne Bachelot : Je ne fais plus de pharmacie maintenant parce que je suis ministre.

Grégory : Vous êtes ministre ?

Roselyne Bachelot : Mais j'aimais ça parce que j'étais avec les gens, ils parlaient très simplement, ils rentraient dans ma boutique, dans la pharmacie, et puis c'était le moyen d'être en contact avec eux...

Grégory : Et puis on vous a vue dans les Guignols.

Roselyne Bachelot : Est-ce que tu trouves que ma marionnette des Guignols me ressemble ?

Grégory : Ouuii !! Ça te ressemble, bien sûr, ça te ressemble.

Roselyne Bachelot : Moi, je trouve que ma marionnette ne me ressemble pas du tout.

Sarah : Mais si !

[...]

Sarah : J'aime pas les vaccins.

Roselyne Bachelot : Ah, t'aimes pas...

Sarah : J'ai peur.

Roselyne Bachelot : Oui, mais tu devrais avoir beaucoup plus peur de la maladie...

Sarah : J'ai peur des vaccins.

Roselyne Bachelot : Tu as peur des vaccins, oh, il ne faut pas ! Tu sais, il y a en Afrique des gens très pauvres, des mamans qui ont des petits bébés dans leurs bras et ces petits bébés meurent parce qu'ils n'ont pas de vaccins. Et nous, on a une chance extraordinaire dans notre pays, parce que des vaccins, on en a !

[...]

Raphaël : Qu'est-ce qui est le plus élevé, ministre ou Premier ministre, selon vous ?

Roselyne Bachelot : C'est Premier ministre, d'ailleurs, le nom le dit bien, le Premier ministre, c'est le chef du gouvernement.

Raphaël : Donc c'est votre supérieur ?

Roselyne Bachelot : C'est mon supérieur.

Raphaël : Et qu'est-ce que vous prenez comme décisions ?

Roselyne Bachelot : Je prends toutes les décisions qui concernent la santé et le sport.

Raphaël : Vous êtes une sorte de chef ? Vous êtes chef ?

Roselyne Bachelot : Oui, je suis une chef.

Raphaël : Grande ou petite ?

Roselyne Bachelot : Grande ! Je suis un grand chef.

[...]

Sarah : Mais si tu pouvais te présenter aux élections, qu'est-ce que tu ferais ?

Roselyne Bachelot : Je ferais campagne, j'ouvrirais un site Internet, je ferais des réunions, je regrouperais une équipe autour de moi qui m'aiderait dans cette campagne. Et puis, bien sûr, j'irais à la télévision pour expliquer ce que je veux faire, à la télévision et à la radio. Tu voudrais que je me présente à la présidence de la République ?

Sarah : Tu vois, moi, je voulais que ce soit Ségolène Royal qui soit présidente. Je voulais que ce soit Ségolène Royal...

Roselyne Bachelot : Ah ben, c'est une bonne idée, ça.

[...]

Roselyne Bachelot : Nathanaël, toi aussi tu aimes le sport ?

Nathanaël : Oui, et c'est une des raisons pour lesquelles j'ai proposé la belote en tant que sport.

Roselyne Bachelot : La belote, j'ai déjà dit non. Je ne veux pas de la belote dans le sport.

[...]

Thomas : Roselyne, pourquoi vous ne mettez pas des bijoux [prononcé bisous] aux doigts ?

Roselyne Bachelot : Je ne porte jamais de bijoux.

Sarah :... sauf la montre.

Roselyne Bachelot : Alors la montre, tu vois, c'est un cadeau que mon papa m'a offert. Il a fait graver derrière le cadran un chiffre, qui est 25 703. C'est le nombre d'électeurs qui ont voté pour moi lors de ma première élection. Et mon papa m'a offert cette montre que je porte toujours pour me dire : chaque fois que tu la regarderas, tu n'oublieras jamais que tu n'es là que parce que 25 703 personnes ont voté pour toi.

★

Rencontre avec Marie-George Buffet, secrétaire nationale du parti communiste français (janvier 2010)

Arnaud : Marie-George, pourquoi tu viens ?

Marie-George Buffet : C'est vous qui allez me le dire...

Arnaud : Tu vas bien ?

Marie-George Buffet : Ça va... On peut parler de tout ce que vous voulez, il n'y a pas de problèmes, il n'y a rien de censuré.

Thomas : Tu habites où, Marie-George Buffet ?

Marie-George Buffet : J'habite en Seine-Saint-Denis, à Blanc-Mesnil.

Thomas : C'est dans quel arrondissement ?

Marie-George Buffet : Ce n'est pas un arrondissement, c'est une ville de banlieue.

[...]

Arnaud : Tu fumais jusqu'à quand ?

Marie-George Buffet : J'ai fumé jusqu'en 1998, j'étais une très grosse fumeuse. J'ai complètement arrêté quand je suis devenue ministre des Sports, parce que c'était un peu incompatible de fumer deux paquets par jour et d'être ministre des Sports.

Thomas : Marie-George, comment va Chirac ?

Marie-George Buffet : Il a l'air d'aller mieux, mais je ne vis pas tous les jours avec lui.

[...]

Aurélie : Est-ce que vous aimez le cinéma ?

Marie-George Buffet : Oui, j'aime beaucoup le cinéma.

Aurélie : Quel genre de films ?

Marie-George Buffet : J'aime beaucoup les films qui donnent à voir la réalité de notre société... Mais j'aime bien aussi les films, ça va t'étonner peut-être, comme *Star Wars*. J'adore les films qui font rêver...

Florent : Connaissez-vous le cinéma britannique ? C'est un cinéma très social.

Marie-George Buffet : Oui, justement, c'est pour ça que je l'aime beaucoup, parce que c'est un cinéma social comme vous le dites...

Florent : Naturaliste ?

Marie-George Buffet : Ce serait faux de ma part de dire que je m'y connais, je suis là-dessus très amateur.

Nathanaël : Est-ce que tu t'y connais sur le parti communiste ?

Marie-George Buffet : Un petit peu, oui...

Nathanaël : Le parti soviétique était communiste ?

Marie-George Buffet : Oui, oui...

Nathanaël : Je veux refaire ça différemment... Diviser le pays par républiques fédérées, comme la Russie, avec chacune une capitale. Et mettre un président à la tête de chacune de ces républiques. Mais je désire que chaque république fédérale soit reliée par un agent fédéral qui contrôle toute l'union. [...] J'imposerais le russe à toutes les républiques, mais ça ne veut pas dire que chaque république ne peut pas garder son dialecte local.

Marie-George Buffet : Moi, je crois qu'aujourd'hui on peut envisager une fédération, comme tu le dis, mais il faut laisser à chaque peuple l'utilisation de sa langue. [...] Et puis surtout, il faut de la démocratie. [...] Les Soviétiques se sont trompés, ils ont pensé qu'ils pouvaient faire le bonheur des gens sans eux. Qu'ils pouvaient imposer une certaine conception des sociétés sans que les gens puissent exercer leurs libertés individuelles. Pas simplement les libertés collectives, mais les libertés individuelles. [...] Du coup, les régimes socialistes se sont effondrés les uns après les autres, et on voit aujourd'hui comment il faut reconstruire une pensée communiste qui part de la liberté de chacun. [...] Pourquoi tu t'intéresses tant à l'Union soviétique ?

Nathanël : Parce que j'aime bien le nom « union ». J'aime bien aussi le mot « soviétique », j'aime bien la forme, et j'aime bien le drapeau... Enfin, ce n'est pas que j'aime ce qui a disparu, c'est pas que je refuse le côté négatif, c'est parce que j'ai une autre vision des choses. Moi, je veux un parti unique socialiste, mais on n'est pas obligé de faire partie du parti.

★

Rencontre avec Bertrand Delanoë, maire de Paris (septembre 2007)

Arnaud : On se tutoie et on s'appelle par nos prénoms ?

Bertrand Delanoë : Oui, on fait comme cela vous plaît. On est là en toute amitié, décontractés.

Arnaud : Comment vas-tu Bertrand ? Tu sembles un peu fatigué.

Bertrand Delanoë : Je suis un peu fatigué en ce moment. Je suis très éprouvé par les drames qu'on connaît à Paris, liés au logement insalubre. [...] Je suis peiné, ce qui s'est passé dans ces deux immeubles est douloureux.

Anaïs : Jacques Chirac est hospitalisé.

Bertrand Delanoë : Oui, mais je crois qu'il va bien.

Anaïs : Pourquoi Jacques Chirac est à l'hôpital ?

Bertrand Delanoë : Parce qu'il a eu un petit accident, pas grave, je crois, mais il a 72 ans, il valait mieux lui faire des examens pour qu'il soit en forme comme avant.

Anaïs : Mais du lit, il n'en a plus besoin du lit ?

Bertrand Delanoë : Il en a besoin pour dormir, comme nous tous. Mais hier, il marchait dans sa chambre.

Thomas : Bertrand, pourquoi on t'a donné un coup de couteau ?

Bertrand Delanoë : C'était en 2002. C'était un acte délibéré de quelqu'un qui a dit qu'il avait donné des coups de couteau pour tuer, parce qu'il n'aimait ni la démocratie, ni les hommes politiques, ni les homosexuels. Comme je cumulais tous ces inconvénients à la fois, ça lui déplaisait beaucoup.

Arnaud : Bertrand, qu'est-ce que tu prends pour te raser le matin ?

Bertrand Delanoë : Un rasoir électrique.

Arnaud : Moi aussi, j'utilise un rasoir électrique, comme toi.

Bertrand Delanoë : Voilà, on a la même technique de rasage tous les deux.

[...]

Alexandre : La question va paraître un peu crue, mais tant pis, depuis quand avez-vous choisi le mode de vie qui est le vôtre ?

Bertrand Delanoë : Quelle partie du mode de vie ?

Alexandre : Homosexuel, j'entends !

Bertrand Delanoë : Je n'ai pas choisi. On ne choisit pas d'être homosexuel. On naît avec telle ou telle vision. On naît avec une sensibilité et une identité. Et parmi les identités, il y a cette proximité que l'on a, qui n'est pas quelque chose d'exclusivement sexuel, c'est quelque chose de psychologique, d'affectif qui fait qu'on est homosexuel ou hétérosexuel.

Alexandre : Pourquoi un homme plutôt qu'une femme ?

Bertrand Delanoë : Je n'en sais rien. Tu devrais, quand tu parles à un hétérosexuel ou à une hétérosexuelle, lui poser la même question. C'est la nature qui fait que, quand nos parents nous donnent naissance, on est fait avec cette attirance, ou vers notre sexe, ou vers le sexe opposé.

Alexandre : La nature est ainsi faite qui veut que les sexes différents se rencontrent.

Bertrand Delanoë : Non, je crois que la nature est ainsi faite qu'il y a deux sexes, mais qu'effectivement, il y a des êtres attirés par le sexe opposé et des êtres attirés par le même sexe. D'ailleurs, excuse-moi de prendre cette comparaison, nous, les êtres humains, nous avons la pensée...

Alexandre : Heureusement !

Bertrand Delanoë : Les animaux n'ont pas la pensée, et dans les récits scientifiques concernant les animaux, on décrit à la fois des hétérosexuels et des homosexuels. Ce qui prouve que l'hétérosexualité et l'homosexualité sont dans la nature.

[...]

Nathanaël : On peut faire que les gens fument et se droguent de moins en moins...

Bertrand Delanoë : J'adhère totalement à ce que tu dis. La drogue abîme trop l'être humain pour ne pas être combattue. Même s'il faut considérer le drogué comme un malade, donc l'accompagner, le soigner, et l'aider.

Anaïs : C'est quoi l'aider ?

Bertrand Delanoë : Lui permettre d'être traité pour sa dépendance.

Florent : Les drogues sont une dictature sur l'être humain.

[...]

René-Pierre : C'est quoi votre plat préféré ?

Bertrand Delanoë : Cela dépend des jours. Une des substances que je mange le plus, c'est le chocolat.

Anaïs : Espèce de goinfre !

Nathanaël : J'aimerais bien qu'on change le nom de l'Union européenne...

Bertrand Delanoë : Tu mettrais quoi à la place ?

Nathanël : Eurasienne !

Bertrand Delanoë : Si un jour il y a la Turquie, ce sera en partie vrai.

★

Rencontre avec Dominique de Villepin, Premier ministre (décembre 2003)

Nathanaël : Il y a un pays dont on ne parle jamais, un pays dont les habitants sont les Boliviens, pourquoi ? [...] J'aimerais que, moi non plus, je ne sois pas oublié.

Dominique de Villepin : Je dirai que tu m'as demandé de parler de la Bolivie.

Carole : À propos de la Yougoslavie, pourquoi avoir attendu qu'il y ait 200 000 morts pour intervenir ?

Dominique de Villepin : La Yougoslavie est un problème extrêmement difficile. Très tôt, la communauté internationale est intervenue...

Carole : Ils seraient intervenus plus tôt s'il y avait du pétrole.

[...]

Alexandre : Est-ce qu'il ne faudrait pas, et c'est méchant ce que je vais dire, abattre les terroristes ?

Dominique de Villepin : Ça, c'est une des questions difficiles des relations internationales. Ce que tu dis est très intéressant. Effectivement, ça fait partie des choix.

Alexandre : Je ne vois pas pourquoi on laisse en vie ces gens-là.

Dominique de Villepin : Ce que tu dis, c'est que, face à la violence aveugle, répondons par les mêmes moyens et les mêmes méthodes !

Alexandre : Œil pour œil, dent pour dent !

[...]

Nathanaël : Je m'intéresse à la chute des hommes.

Dominique de Villepin : Tu te situes dans une grande tradition. Dans l'histoire de la pensée, l'analyse de la chute est un élément très important de la conscience des hommes. Il y a deux très grands écrivains français qui se sont penchés sur cette question. Montaigne, tout d'abord. Il était sur un cheval, il est tombé et s'est interrogé sur les conséquences de cette chute sur sa pensée. Il s'est rendu compte que dans le monde tout bougeait, et c'est ce qu'il a appelé « la branloire pérenne ». [...] Rousseau est tombé dans un escalier de Ménilmontant. Il a découvert que la chute permettait aux hommes de se retrouver dans leur dépouillement. Dans la mythologie, la chute est aussi un élément très important.

Nathanaël : Combien de mètres faisait la chute d'Icare ?

Dominique de Villepin : Icare s'est approché du soleil avec ses plumes qu'il avait attachées avec de la cire, laquelle a fondu. Pour comprendre la vie des hommes, il faut comprendre leur chute.

Nathanaël : Quel personnage célèbre est tombé ?

Dominique de Villepin : Je pense que tous les individus qui ont été amenés à faire quelque chose d'intéressant dans la vie sont tous « tombés » d'une manière ou d'une autre. Le général de Gaulle, François Mitterrand, Jacques Chirac, sont tombés plusieurs fois avant d'être élus président. Chaque fois que tu tombes, tu apprends. Tu apprends à te relever et à te redresser.

Nathanaël : Connais-tu le nom d'une célébrité qui est tombée d'un gratte-ciel ?

Dominique de Villepin : Si on tombe d'un gratte-ciel, on a peu de chances de se remettre sur ses pieds. Mais il se trouve que c'est arrivé à un aviateur pendant la guerre. [...]

Nathanaël : Tu connais quelqu'un tombé de haut ?

Dominique de Villepin : Moi, il m'est arrivé de tomber de haut.

Nathanaël : De combien ?

Dominique de Villepin : De très haut, et même de très, très haut. Quand il y a eu la dissolution en France, on a dit que c'était moi qui avais conseillé la décision. Là, je suis tombé de très, très haut. Mais ça fait beaucoup de bien. Après on se bat et on remonte la pente, pour survivre.

★

Rencontre avec Ségolène Royal, présidente de la région Poitou-Charentes (janvier 2010)

Nathanaël : Je désire réunir les Français et les Italiens à l'intérieur d'un même pays s'ils sont d'accord, avec un drapeau unique, un hymne unique, un régime unique. Rome sera la capitale, on parlera italien et on prendra comme monnaie la lire et pas le franc. Mais il faudrait que ce soit un pays fédéral. La France et l'Italie auront un statut de régions avec des gouverneurs qui seront nommés par le chef d'État. Qu'en penses-tu ?

Ségolène Royal : C'est original. J'adore l'Italie. Je trouve que c'est un très bon rapprochement. Nous sommes très proches...

Nathanaël : Nous sommes deux pays latins, deux pays catholiques. Tous les deux fabriquent du vin et sont forts en escrime. C'est pour cela que je voudrais les unir dans le même État et que l'UE éclate !

Ségolène Royal : Et pourquoi il faudrait que l'U.E éclate ?

Nathanaël : Je n'aime pas l'Union européenne. Je préfère que chaque pays soit indépendant, sauf la France et l'Italie.

Ségolène Royal : Et vous ne croyez pas que c'est en étant tous ensemble qu'on serait les plus forts ?

Nathanaël : Pas forcément.

Arnaud : Tu es mariée ou pas ?

Ségolène Royal : Non...

Arnaud : Je peux te tutoyer ?

Ségolène Royal : Oui, bien sûr.

Arnaud : Je peux t'appeler par ton prénom ?

Ségolène Royal : Oui.

Arnaud : Qu'est-ce que tu as comme voiture ?

Ségolène Royal : Je n'ai pas de voiture.

Arnaud : Ségolène, tu aimerais ou pas qu'on te chatouille sous les pieds ?

Ségolène Royal : Ben non, c'est pas très agréable d'être chatouillé sous les pieds !

Arnaud : Pourquoi tu n'as pas de voiture ?

Ségolène Royal : Parce que je prends les transports en commun ou le train, sinon j'ai une voiture pour mon travail. C'est une Laguna.

Arnaud : Pourquoi tu n'es pas mariée ?

Ségolène Royal : Ça s'est trouvé comme ça.

David : Il y a un problème qui se pose en ce moment : Pourquoi les logements adaptés soit n'arrivent pas, soit très tardivement ? Pourquoi ça prend autant de temps et pour d'autres choses, ça va très rapidement ?

Ségolène Royal : Il n'y a pas assez de logements adaptés parce qu'il n'y a pas eu de réglementation assez ferme. Si on obligeait tous les immeubles qui se construisent à avoir un pourcentage de mètres carrés en accessibilité totale, je pense que le problème de l'accessibilité des logements serait résolu. Je propose aussi que tous les rez-de-chaussée d'immeubles soient transformés en logements accessibles. Et pour cela il faut une vraie force politique et une règlementation très contraignante, sinon les promoteurs ne vont pas le faire. Et en plus, je pense que cela profiterait à tout le monde. Je vais raconter une petite anecdote : dans la région que je préside, en Poitou-Charentes, je me suis rendu compte que les plages n'étaient pas accessibles aux personnes qui sont en fauteuil roulant, aux non-voyants, et pour cette accessibilité, j'ai installé des tapis sur le sable pour pouvoir passer de la berge à la mer, réservés aux personnes à mobilité réduite. Et au bout d'une demi heure, les tapis étaient utilisés par tout le monde, les mamans avec les poussettes, les jeunes qui portaient les planches à voile, les tout petits enfants qui ont du mal à marcher sur le sable... Et donc je crois que quand on adapte tous les équipements aux personnes à mobilité réduite, ça profite à tout le monde.

[...]

Nicolas : Madame Royal, c'est une belle journée aujourd'hui, et tu es belle !

Ségolène Royal : Merci du compliment, Nicolas.

★

Rencontre avec Cécile Duflot, secrétaire nationale des Verts (janvier 2010)

Nathanaël : De quel parti es-tu ?

Cécile Duflot : Ah, mon parti c'est Les Verts, mais mon parti aujourd'hui a grandi et il fait partie d'un grand rassemblement qui s'appelle Europe Écologie.

Nathanaël : Est-ce que tu es à la tête de ce parti ?

Cécile Duflot : À la tête du parti des Verts, oui c'est moi. Depuis trois ans.

Nathanaël : Est-ce que vous vous intéressez à tout ce qui est environnement et écologie ? Avec les déchets et tout ça.

Cécile Duflot : C'est plus que ça m'intéresse, ça m'occupe tous les jours. Ce qui est intéressant, c'est que l'environnement, l'écologie, c'est s'occuper de la planète, comme tu l'as dit, des déchets, mais aussi des humains qui habitent dessus. C'est faire le lien entre les deux.

Nathanaël : Oui, mais il y a aussi la pollution.

Cécile Duflot : Tu as raison. Il y a aussi la pollution, et la pollution c'est un vrai sujet parce que d'abord c'est beaucoup de gaspillage, et puis ça peut avoir des conséquences sur la santé.

Nathanaël : Tu habites en France, en Île-de-France, dans le Val-de-Marne, dans le 94, à Villeneuve-Saint-Georges.

Cécile Duflot : C'est ça.

Nathanaël : Essonien, essonienne, val-de-marnais, val-de-marnaise, villeneuvois, villeneuvoise.

Cécile Duflot : C'est exactement ça. Je suis une villeneuvoise.

Nathanaël : Moi, je préfère les voitures à essence, qu'on utilise l'essence et pas de voitures électriques.

Cécile Duflot : Ah, et pourquoi tu préfères les voitures à essence ?

Nathanaël : Et qu'on construise plein d'usines !

Cécile Duflot : Le problème de l'essence, c'est qu'elle va coûter de plus en plus cher et que bientôt, il n'y en aura plus, parce que les ressources en pétrole s'épuisent.

Nathanaël : Moi, ce que j'aime bien, c'est les usines et les trucs à essence.

Cécile Duflot : J'ai compris.

[...]

Dimitri : Il y a la voiture hybride. Moitié moteur électrique, moitié moteur essence ou diesel.

Cécile Duflot : Voilà, ça, c'est une solution un peu intermédiaire. C'est toujours mieux que les voitures polluantes, mais ce ne sera sûrement pas suffisant dans les années qui viennent.

[...]

Arnaud : Dis-moi Cécile Duflot, c'est qui Cécile Balladur ?

Cécile Duflot : Cécile Balladur ?

Arnaud : Qui c'est Cécile Balladur ?

Cécile Duflot : Ah ben alors ça, je ne la connais pas.

Arnaud : Tu ne sais pas qui c'est Cécile Balladur ?

Cécile Duflot : Non.

Arnaud : Cécile, je ne me rappelle plus comment s'appelle ton fiancé. Tu peux le redire ?

Cécile Duflot : Il s'appelle Xavier.

Arnaud : Il y avait un Xavier qui m'embêtait à Jouy, c'est pas ce Xavier-là ?

Cécile Duflot : Ah non, je crois qu'il n'est jamais allé à Jouy.

Arnaud : Cécile, qu'est-ce que tu as comme voiture ?

Cécile Duflot : J'ai une Twingo jaune.

Arnaud : L'ancien ou le nouveau modèle ?

Cécile Duflot : Oh, il est très vieux, c'était l'ancienne voiture de mes parents.

Arnaud : Oh ! Toi Cécile, alors comment ça va toi ?

Cécile Duflot : Ça va bien.

[...]

Nathanaël : J'aimerais bien changer le nom du parti politique. Les Verts, je préfère plutôt les appeler les Marrons.

Cécile Duflot : Pourquoi ?

Nathanaël : Ou bien les Bleus.

Cécile Duflot : Les Bleus, je crois que c'est déjà pris, mais les Marrons pourquoi ? Vas-y, dis-moi.

Nathanaël : Ben parce que vert, c'est un peu exagéré.

Cécile Duflot : Vert, c'est exagéré, alors ça ! D'abord il faut savoir que les Verts s'appellent comme ça depuis 1984, tu vois, j'étais très petite. Et dans tous les pays d'Europe, ils s'appellent tous comme ça. Soit « parti vert » soit « les Verts », mais c'est vrai qu'on pourrait très bien avoir d'autres couleurs. On dit vert parce que c'est la couleur du printemps. Mais notre logo, c'est un tournesol. Les pétales sont jaunes et le cœur marron.

Nathanaël : On peut changer l'emblème. On prend un carré blanc avec une lettre V.

Cécile Duflot : Ça existe, ça doit être le logo des Verts italiens, si je ne me trompe pas.

Nathanaël : Les Marrons, c'est la couleur de la terre.

Cécile Duflot : Qu'est-ce que ça ferait si je disais que je suis la secrétaire nationale des Marrons ? Je ne sais pas, il faudrait que je m'habitue.

Nathanaël : Je vais trouver un autre nom après l'interview. Je laisse la parole à quelqu'un d'autre.

Arnaud : Cécile, je vais te dire une chose, il y a des gens qui sont tatoués. Toi, tu n'es pas tatouée ?

Cécile Duflot : Non.

Arnaud : Moi non plus, je n'aimerais pas parce qu'après, ça ne s'en va plus. Je t'ai demandé, toi c'est Cécile Duflot et c'est qui Cécile Balladur ?

Cécile Duflot : Eh bien je ne sais pas, je ne la connais pas. Et toi, tu ne sais pas non plus.

Arnaud : Oh toi Cécile, toi Cécile, toi ! Alors Cécile comment ça va toi ?

Cécile Duflot : Ben, ça va toujours bien. Je suis très contente de parler avec vous.

Arnaud : Petite toi, Cécile.

Cécile Duflot : Tu trouves que je suis petite ?

Arnaud : Non ! C'est un petit terme gentil.

Cécile Duflot : Ah, c'est un terme gentil, merci. Mais je ne suis pas très grande non plus.

Arnaud : Oh toi !

Cécile Duflot : Merci.

★

Rencontre avec Fadela Amara, secrétaire d'État à la Politique de la Ville (janvier 2010)

Nathanaël : Qu'est ce que vous avez comme fonction ?

Fadela Amara : Je suis secrétaire d'État à la Politique de la Ville.

[...]

Nathanaël : De quelle ville ?

Fadela Amara : De toutes les villes où il y a des problèmes. Je m occupe exactement de ce que l'on appelle la géographie prioritaire. Ce sont des villes où il y a des quartiers, des endroits où se concentrent les difficultés.

Nathanaël : Comme Paris.

Fadela Amara : Il y a des zones dans Paris, mais il y en a surtout en région parisienne et un peu dans les grandes villes comme Lyon, Marseille...

Nathanaël : Est-ce que les sports, ça fait partie de tes compétences ?

Fadela Amara : Pas directement de mes compétences, mais je travaille beaucoup avec chacun des ministres au gouvernement, donc Rama Yade et Roselyne Bachelot, puisque ce sont elles qui ont ces compétences.

Nathanaël : Est-ce que tu sais ce qu'il faudrait faire ?

Fadela Amara : Je sais ce qu'il faut faire à peu près, mais j'ai toujours besoin des acteurs de terrain pour m'alimenter, me faire des propositions...

Rafaël : Qu'est-ce que vous prenez comme décisions ?

Fadela Amara : Qu'est-ce que je prends comme décisions ?

Rafaël : Comme grandes décisions !

Fadela Amara : Alors là, c'est une grande question. Je peux prendre des décisions sur les problèmes d'exclusion, sur les questions sociales, les questions économiques...

Rafaël : Qu'est-ce qui est le plus élevé secrétaire d'État ou ministre ?

Fadela Amara : Il vaut mieux être ministre... Les décisions politiques que tu prends, tu peux les mettre très vite en application et tu as un budget. Quand tu es secrétaire d'État, tu es le parent pauvre du gouvernement, tu es sous tutelle ; quand tu décides quelque chose, il faut que tu sois en accord avec ton ministre de tutelle. Mais je vais te faire une confidence, je suis une rebelle, donc avec tout le respect que je dois à mon ministre, je prends des décisions sans concertation. Mais je pense qu'il y a un minimum de confiance et puis je connais parfaitement le sujet que je traite.

*

Rencontre avec Justine Lévy, écrivain (janvier 2010)

David : Vous n'êtes pas politicienne, je vais néanmoins vous demander ce que vous pensez de l'attente qui n'en finit pas d'avoir des appartements adaptés. Adaptés au sens large. Est-ce que vous trouvez normal qu'il faille attendre autant de temps ?

Justine Lévy : Évidemment que ce n'est pas normal. Mais comment faut-il qu'ils soient adaptés, ces appartements ?

David : Dans le cas d'Alexandre, il a une vue très basse. Il faut donc que tout soit aménagé en fonction de ses difficultés pour qu'il retrouve les choses facilement... Par exemple, moi, j'attends un appartement de stage, mais l'appartement n'est pas aux normes. Il faut des subventions de l'État et il n'y a rien.

Justine Lévy : C'est vrai, c'est pas normal. À la limite vivre chez ses parents, mais en foyer ça doit pas être facile...

David : Vivre en foyer, c'est pas toujours facile, il y a des horaires à respecter, on peut inviter personne à dormir dans sa chambre.

[...]

Justine Lévy : Ce n'est pas normal. Je suis assez choquée, mais je ne suis pas la personne qui pourrait vous parler de ça. Je ne suis ni documentée et je n'ai aucun pouvoir là-dessus mais... Quand vous posez la question à des responsables politiques, on vous dit quoi ? Quelles sont les raisons qu'on vous donne ?

David : Par exemple, Roselyne Bachelot dit qu'on est en train de faire des choses et me renvoie à une autre personne, disant qu'elle n'est pas la bonne personne... et elle dit que pour que ça aille plus vite, il faudrait que les gens payent plus d'impôts.

Justine Lévy : Oui. Il faudrait commencer par trouver la bonne personne. Est-ce que vous aimez la politique ?

Simon : Pas spécialement, parce qu'il faut régler les problèmes et j'aime pas les problèmes.

⋆

Rencontre avec Stéphane Hessel (septembre 2009)

David J. : Je peux vous poser une question ? Mais moi, j'aime pas le président George W. Bush. Il met plein de bombes partout, le désordre partout.

Stéphane Hessel : Je te comprends. Je suis comme toi, je n'aime pas non plus le président Bush. Mais je sais aussi que cette grande nation, les États-Unis d'Amérique, ont parfois produit des hommes remarquables. Pour moi, le grand homme de l'Amérique, ça a été le président Roosevelt, et c'est lui qui, dans les années 1930 et 1940, a créé les Nations unies, et je lui en serais toujours reconnaissant. En plus, il avait une femme qui lui a survécu. Après sa mort, sa veuve, Eleanor Roosevelt, a présidé la commission qui a mis au point la Déclaration universelle des Droits de l'homme.

David J. : Mais vous avez de la chance, Monsieur.

Stéphane Hessel : Oui, et j'ai travaillé avec elle et René Cassin, et on a mis sur pied la Déclaration universelle des Droits de l'homme, qui va avoir 60 ans le 10 décembre prochain.

David J. : Ça fait beaucoup, 60 ans.

Stéphane Hessel : Ça fait beaucoup, mais elle est toujours importante et valable.

★

Ma réforme de l'enseignement, si j'étais ministre de l'Éducation nationale :

– Jusqu'à 15 ans, les enfants ne feraient qu'apprendre les choses essentielles : le français, l'orthographe, le calcul, les langues étrangères et la philo ; tout le reste, c'est pour ceux qui en ont envie.

– Je séparerais les classes : il y aurait des écoles de 6ᵉ, des écoles de 5ᵉ, etc., pour éviter de mélanger les grands avec les petits, ça serait moins dangereux, moins contagieux. Les gosses de 10ᵉ sont contaminés par la violence des grands.

– Je ferais comme Mao Tsé-Toung, un petit livre rouge sur les exercices de philo à partir des petites classes : les élèves apprendraient des bons mots du style : « Un mort est un drame, un million de morts, une statistique. »

– L'école à proprement parler commencerait le plus tard possible, vers 15 ans. Maintenant, à 20 ans, ils sont au chômage. S'ils entraient en apprentissage à 15 ans, ça retarderait leur arrivée sur le marché du chômage : entre 20 et 25 ans, c'est dangereux de tourner en rond.

Carole, mai 2000

*

L'argent et le président

Le temps, c'est de l'argent : pour gagner du temps, il faut payer plus d'argent. Mitterrand a fait un discours politique : l'essence a augmenté. L'essence coûte 12 000 F. Le ministre Laurent Fabius dit : « Vous allez un peu trop loin avec vos achats. » Mitterrand dit : « C'est normal. » Un automobiliste sur l'autoroute entend : l'essence a rebaissé de 1 000 F. Pourquoi l'essence a rebaissé plutôt qu'augmenté ? Un coup il monte ; un coup il baisse. Les gens ne comprennent pas. Les Français ne vont pas être contents. Un automobiliste sur Marne-la-Vallée : panneau 12 000 F, puis panneau 10 000 F. C'est pas normal, il y a sûrement une erreur. Un autre automobiliste voit les panneaux inversés : pourquoi elle a augmenté ? La caissière : « Pour que les gens paient moins cher. » Le responsable disait : « Où est-ce qu'il a vu ce panneau ? – À 100 km, j'ai lu 10 000 F ». La caissière : « Je demande à voir. » L'automobiliste l'emmène. La dame lui dit : « Sens interdit. Ah ! C'est ce panneau. Il y a une erreur. – Vous ne savez pas qui a fait cette erreur ? – Je ne sais pas. » Mitterrand a fait un discours…

Stéphane, janvier 1992

Portraits

Frank Margerin, dessinateur de bandes dessinées

C'est l'abbé-feuille avec son casque
Étouffant sur sa moto
Il est un peu silence
Il est un peu saturnin
C'est un bonjour
Qui parle avec sa bulle.

Laurent, juin 1998

★

Bartabas, chorégraphe

Arnaud : Il a l'air d'un cow-boy.

Éric : Ce n'est pas un cow-boy.

Arnaud : Il en a l'aspect seulement.

Robert : Il est cool comme un cheval, et il a des pattes.

Johann : Je l'inviterai à mon mariage et je l'autoriserai à mettre un costume.

Nathalie : Il aime beaucoup les animaux : il est très humain.

Éric : Il est *géniaux*.

Sébastien : Ça ne se dit pas « géniaux », on dit « génial » !

Éric : Il est « géniaux », cela veut dire qu'il a en lui beaucoup de sentiments.

Sébastien : Mais ça ne se dit pas « géniaux » !

Éric : Eh bien, il est génial et génial et génial.

Collectif, mars 1995

★

Leos Carax, réalisateur

Il est très gentil, bien plus sympathique que Hitler (Hitler est mort, il ne pourra pas être au *Papotin*).

Collectif, décembre 1991

★

Romane Bohringer, comédienne

Tu es très belle, comme une amoureuse.

Elle a déjà fait du ski, elle a déjà fait du cheval, elle a déjà fait de la patinoire, du football, du volley-ball, de la boxe, du judo, du karaté.

Elle a été indienne.

Elle a déjà fait de la course à pied, du vélo.

Est-ce qu'elle a déjà des lunettes ?

Des fois elle regarde les oiseaux, des fois elle regarde les lapins, des fois elle regarde les poules.

Des fois elle mange une glace à la vanille et au chocolat.

Des fois elle regarde les coqs, des fois elle regarde les bijoux, des fois elle fait un bisou à son père Richard Bohringer.

Des fois elle pleure.

Des fois elle aime aller en taxi, même s'il n'y a pas d'embouteillages.

Est-ce qu'elle aime le jardinage ?

Est-ce qu'elle aime les plongeurs et Florence Artaud ?

Est-ce qu'elle aime Catherine Deneuve et profiter de la vie ?

Est-ce qu'elle aime bien aller au restaurant, sortir le soir et rencontrer des Russes ?

Est-ce qu'elle aime les oranges givrées, le tennis, les patins à roulette ?

Est-ce qu'elle aime les bâtards et Louis XIV ?

Laurent, mai 2000

*

Rama Yade, secrétaire d'État aux Sports

Rimer, y'a de
Quoi
Face à
Rama
Yade.
Ministre du Sport,
Le foot et le basket
Son or,
Nathanaël l'interpelle
Et elle ouvre ses oreilles,

Apprend sur les cartes
En direct d'RTL.
Il paraît que ce matin
Sont montés les décibels,
On s'explique
Le but, un but,
Un score
Loin d'être un mort,
Juste un sport
Qui rend fou
Et de lui pour tout dire
Je m'en fous.
Parlons de Rama Yade
Plutôt que de jade et de rubis.
Elle trouve son métier beau,
Je la trouve belle.
Chacun aime ce qu'il veut
Moi j'aime jouer
Avec les mots.

Anselme, janvier 2010

*

Marc Lavoine

J'étais avec Marc Lavoine, mais sur une autre planète.

J'avais l'impression de me cacher.

Il avait un pantalon noir et un chapeau noir.

Il est un peu comme le Pape, il aime les épinards.

Il doit sûrement savoir casser les œufs et éplucher les oignons.

Il met sa main sur son cœur.

Il met la peine des autres dans ses chansons.

Il répète quatre fois « t'es ma danseuse », et je le deviens.

Il est très connu – je l'ai reconnu – je le connais maintenant.

Il est PAGIER [prononcer paguier] et sans son « M »
Il est « arc ».
Marc la flèche
Sans son « M » c'est un « car »
De luxe
Marque La Flèche.
Il a les yeux bleus
Avec Marc le monde
Est tellement beau :
Il danse au marché
Et les fruits sont beaux.
Il prend du pain et mange du fromage
Il est servi
Et d'une écriture hachée il dit :
« Maman est partie, Papa est parti
Au marché. »
Et il mange du pain
Et il mange du fromage
Et il danse au marché.
Le monde est tellement Marc
Peugeot 605.

De le voir, comme ça, en vrai, ça lui a donné un choc.

Ses chansons je les écoute tout seul dans ma cachette

Quand je le sors de sa cassette.
Reviens nous voir, Marc, une deuxième fois,
Et même plusieurs fois.

Collectif, mai 1992

★

Portraits croisés

Valentina vue par Nathanaël

D'après ce que j'ai vu d'elle :
Elle a les cheveux marron foncé
(Driss les voit orange)
Cheveux mi-longs à longs
Bref : entre les deux.
Elle est relativement petite de haut.
J'espère qu'elle est intelligente !

Mars 2005

Carole vue par Claire et Laurent

Carole est une ginette au regard bizarre
Aux gestes impitoyables
Je me dis : Tiens, elle m'a rien dit, j'ai imaginé
Elle fait un peu femme
Elle fait un peu hasard
Elle fait un peu bazar.

Mars 2005

R

Renaud

Howard Buten, juin 1993

C'était au bar du Casino de Paris que j'ai parlé du *Papotin* avec Renaud. On buvait de la bière. J'avais assisté à son concert. C'était bien. Je lui dis : « Comme tu chantes pas trop mal, j'ai un service à te rendre, un cadeau… » J'ai proposé qu'il vienne un mercredi au *Papotin* se faire interviewer. « Mais t'es sûrement très pris », je lui dis. « Mercredi qui vient. Je veux. » J'ai appris après qu'il avait oublié un rendez-vous très important qu'il avait le mercredi qui venait. « Pas grave, je lui ai dit. Une autre fois. » Le lendemain, il a téléphoné pour me dire qu'il avait changé le rendez-vous pour venir au *Papotin*. Et il est venu.

★

Rencontre avec Renaud, chanteur (juin 1993)

Arnaud : Qu'est-ce que ça veut dire « laisse béton » ? Pourquoi on dit quelquefois « béton » au lieu de « tomber » ?

Renaud : C'est du verlan.

[...]

Fabrice : Alors moi, j'ai des questions à poser par contre. J'ai ce disque chez moi – j'habite à Rungis. « Laisse tomber », d'après ce que j'ai compris, et moi j'ai trouvé ce disque très bien. Voilà, je voulais te le dire.

Renaud : Ce n'est pas une question...

Fabrice : Non, mais je voulais te le dire deuxièmement.

Renaud : Merci.

[...]

Arnaud : Renaud, je n'ai pas su retenir si ton intention est de te faire tatouer une quatrième fois ?

Renaud : Je ne crois pas.

Arnaud : Ce n'est pas parce que je le touche que je risque de l'attraper ?

[...]

Nathalie : Préférez-vous monter en haut d'un clocher ou en haut de la Tour Eiffel ?

Renaud : Ni l'un ni l'autre, sur la table, j'ai déjà le vertige.

Arnaud : Tu as l'air de fumer. Je peux te donner un conseil : tu sais, fumer provoque des maladies graves. Ça ne va pas te faire un cancer dont tu vas peut-être mourir ?

Renaud : Tu peux toujours me donner un conseil, mais ce n'est pas sûr que je puisse le suivre. Ma fille me le donne tous les jours.

Arnaud : Entre nous, ça te ferait pas de la peine si on te disait qu'on ne t'aime pas ?

Renaud : Si.

Arnaud : Ma mère ne t'aime pas du tout.

Renaud : Pourquoi ?

Arnaud : Parce que c'est la manière dont tu chantes qu'elle n'aime pas. Elle trouve que tu dis des grossièretés dans tes chansons. Moi, je t'aime beaucoup car je trouve que tu es très sympathique.

Renaud : Alors, qui a raison ?

Arnaud : C'est moi.

Arnaud : Renaud, j'aimerais que tu reviennes cent fois au Papotin. Sais-tu souvent ce que tu veux, toi ?

Renaud : J'essaie.

★

Renaud vu par Laurent

Il est un peu renard.
Il est un vrai chanteur.
Il est un peu assistant.
Il est nez à nez.
Il est dans le minitel.
Il lit la messe.
Il marche.
Il se casse.
C'est un pousse-tonton.

★

Lettre de Renaud aux Papotins (juin 1993)

De tous les journalistes pas atypiques pour deux ronds rencontrés depuis un an, depuis ma visite aux jeunes poètes du *Papotin*, pas un ne m'a demandé à quoi pouvaient bien servir ces essuie-glace sur le pare-brise de ma Honda. Pas un non plus ne m'a trouvé une ressemblance avec une voiture. Pas un encore ne m'a demandé comment étaient mes pieds. Pas un enfin ne m'a dit que Georges Brassens était « rallipipaide ».

Au Papotin, c'est à peu près ça qu'on m'a demandé, c'est un peu ça qu'on m'a dit.

Un an sans vous revoir, ça fait long, les oiseaux… Jamais vous me réinvitez ?

Rire

Rencontre avec Howard Buten (septembre 2007)

Alexandre : J'étais très déçu.

Howard Buten : Parce que je ne jouais pas ?

Alexandre : Parce que tu jouais un goret absolument monstrueux. Ça m'a choqué !

Howard Buten : Tu t'es amusé, ou pas ?

Alexandre : Je t'avoue que j'ai du mal à comprendre l'humour.

Howard Buten : Moi aussi.

Alexandre : Ah ! on est deux. Mais alors c'est d'autant plus paradoxal étant donné que tu es clown.

Howard Buten : Oui, n'est-ce pas ? Mais il se trouve que de nos jours, c'est difficile de faire rire quand on est clown, paradoxalement.

Alexandre : Ben oui, ben oui.

★

Le rire

Claire : Pourquoi on rit ? Pourquoi on trouve que c'est rigolo ? Je ne sais pas ce qui me fait rire des fois. Des fois, c'est une voix bizarre.

Florent : On rit par imitation.

Laurent : Les singes font des sourires aux éléphants, aux girafes. Ça peut rigoler, les animaux.

Sébastien : Ils ont une façon à eux qu'on ne connaît pas.

Laurent : Un psychologue, quand ça sourit, c'est très bien.

Aleksandar : Les femmes blondes, quand elles sourient, c'est très beau, ça fait comme un bisou sur la joue.

François : Souris-moi, souris-moi !

Collectif, mai 2000

*

Le clown

C'est l'histoire d'un homme qui a passé vingt ans de sa vie en prison. Il s'appelle Alain. « Monsieur est libre. Au revoir, Monsieur. » Pourquoi j'ai tué ma femme ? Pourquoi j'ai fait une chose pareille ?

Tiens, un cirque. Une pancarte « Cherchons clown ». Il y va. « C'est vous le clown. Vous commencez aujourd'hui. »

La représentation. Il se dit : je ne sais pas si ça va marcher. « Bonjour Madame, Mademoiselle, Monsieur, je vais vous faire rire. » Et il souffle dans sa trompette. Les gens applaudissent. Il se dit : « Mon affaire ne marche pas bien du tout. »

La deuxième représentation. « Je vais vous faire rire. – Il est fou ce mec, il n'est pas marrant. – Mais non, je suis marrant. » Et les gens applaudissent.

Les journaux : « grande révélation, le meilleur clown de tous les temps ».

Chez lui, tard le soir. Dring dring. « Papa, c'est moi. »

Dring dring. « Qui c'est encore ? – Papa, c'est moi. » Oh oui, j'avais un fils aussi.

Il prend son violon. Photos, autographes, tout le cirque. L'argent rentre. Les journaux : « le nouveau clown ».

Le spectacle continue. L'histoire s'arrête.

Éric, mai 1991

S

« Scènes »

Je peux te dire que simplement on peut savoir que je suis très poli. Lorsque j'étais vulgaire, c'était quand je ne me sentais pas mieux.

Alors, il y a le petit gamin qui est capricieux et qui est devant la boutique de ma mère. Il voudrait le téléphone mobile en jouet ou l'ordinateur portable en joujou, et pourtant il existe des associations pour raisonner les jeunes mineurs et les garnements qui sont capricieux afin de les aider en leur disant qu'ils ne doivent point être des cancres et connaître beaucoup de choses par les trucs éducatifs, et aussi profiter des occupations et quelques activités et loisirs.

En plus, j'ai découvert que dans Laumière, à la sortie, il y a le SDF qui tente de passer par le passage interdit, et il y a le jeune louche qui lui shoote avec sa savate sur le sac Tati, et le SDF se met en rogne et la dame dit : « Non mais ça va pas, non ? »

En plus surtout, au XIIIe arrondissement, la vieille vagabonde est devant la boutique de sandwiches et envoie des miettes de pain au pigeon brun, et le pigeon noir le surprend par derrière avec son bec comme s'il voulait prendre la bouffe de celui-ci.

Alain H., mars 2005

« Des sentiments »

Les sentiments existent sous deux formes :

1er type : ceux qu'on appelle les simples sentiments : la joie, la tristesse, la peine, le bonheur, la colère…

2e type : l'attachement.

Explication et nature des sentiments simples : ce sont des sentiments qu'on éprouve simplement. Exemple, on te dit quelque chose qui te fait plaisir et tu ressens de la joie. J'ai du plaisir à manger un plat de riz avec du gruyère, n'est-ce pas là un sentiment simple ?

Ce ne sont pas des sentiments qu'on éprouve pour quelqu'un : on les éprouve naturellement.

L'attachement

C'est ça qui me plaît. Il y a plusieurs degrés d'attachement. Mais ce n'est pas le degré qui fait le type d'attachement.

1er genre : l'affection.

Celui-là exprime beaucoup de sensibilité. À forte dose, à hyper forte dose, il ira même jusqu'à bichonner, dorloter, baiser. On lui manifeste beaucoup de compréhension. C'est un sentiment doux, tendre, magnifique.

2e genre : la passion.

C'est un sentiment qui pourrait exciter, donner envie de « croquer l'amant ». Être le plus possible avec lui, discuter de tout et de rien. Il se peut qu'il se manifeste d'une manière hyper douce, et il conduit à l'hyper-merveille et à l'hyper-beauté.

3e genre : l'amour.

Le premier amour dans la Bible est qualifié d'érotique. C'est l'amour sexuel qui attire deux individus soi-disant de sexe opposé pour toute la vie avec interdiction de divorcer.

Le deuxième amour proprement dit, je l'avais en tête vers janvier-février 2001. C'est le plus fort, le plus puissant, le plus riche. Je l'ai appelé amour secondaire. Cet amour n'est pas naturel. L'individu aimé est aussi appelé « amoureux secondaire ». Ce serait injuste de réserver « amoureux » à un seul attachement.

L'attachement est presque uniquement dans l'intérêt de l'individu aimé. Presque tout le profit lui revient. L'individu qui aime doit quand même tirer sa part, qu'il soit mutuel ou non. Si quelqu'un ne vous aime pas, c'est qu'il n'accepte pas l'attachement qu'on éprouve pour lui.

Approfondissement

L'affection est un sentiment qui me plaît bien : l'affectueux dorlote bichonne, câline et comprend. Il réunit douceur, tendresse, baiser et grande joie.

L'amitié est, contrairement à ce qu'on pourrait entendre, un sentiment profond qui sert à aider l'autre en cas de difficulté. L'amitié cherche à unir afin de créer une alliance, d'être plus fort, et comme cela on ne s'isole pas.

L'amitié ou l'affection peuvent entraîner l'amour, ou pas.

Nathanaël, décembre 2003

PHILIPPE STARCK

Rencontre avec Philippe Starck, designer (mai 1996)

Arnaud : Il est écrit en étranger, ton bouquin, je crois.

Philippe Starck : C'est possible oui, c'est un bouquin allemand.

Arnaud : Je voulais te dire une chose : c'est en France ou pas, dans ce livre ?

Philippe Starck : Il y a peu de choses en France. Parce qu'en fait, j'y travaille très peu. On dit toujours : « Nul n'est prophète en son pays. »

[...]

Marjorie : Mais comment vous est venue l'idée de faire des choses qui ressemblent à des choses actuelles qu'on voit, comme la brosse à dents ?

Philippe Starck : Eh bien, pour expliquer cela, il faut remonter assez loin. En fait, c'est quasiment une sorte de tradition familiale : je fais cela par facilité, parce que je ne sais pas faire autre chose. Mon père était un inventeur, et surtout il faisait des avions. [...] Et, sorti de cette éducation-là, j'aurais dû aller beaucoup plus loin ; je devrais construire des bases spatiales, des choses comme cela... et en fait, je fais des chaises. Donc on voit vraiment à quel point je fais cela par facilité. [...]

Mais, si on comprend la signification de tout ce qui nous entoure et, à mon avis, vous savez très bien le faire, eh bien on peut commencer à prendre les objets comme prétextes. On dit : qu'est-ce que je vais raconter à travers une chaise, à travers une brosse à dents... On essaie de lui donner le maximum de profondeur, de résonance, pour éviter que les objets nous ennuient. [...] Si vous pensez qu'un métier, c'est fait pour rendre service d'une manière ou d'une autre – on n'est pas obligé d'être un génie – eh bien, on a sa place dans la société. Et on sert à la civilisation. Et on peut le faire avec n'importe quoi : il n'y a pas d'échelle. Par exemple, *Le Papotin*, qui n'a pas été vendu à des dizaines de millions d'exemplaires, a un rôle très important, et c'est pour ça que je suis là. Parce que ce journal m'a rendu service, il m'a ouvert les yeux. Donc vous, par votre journal, vous avez déjà une action bénéfique sur moi. Donc on est déjà dans une sorte de commerce : vous m'avez donné des choses, et je suis là pour essayer peut-être de vous donner des choses.

Marjorie : Mais parmi toutes les choses que vous avez faites, laquelle préférez-vous ?

Philippe Starck : J'aime bien la brosse à dents parce que c'est l'objet le moins cher. [...] Moins ce que je fais est cher, plus il est donné aux autres, plus cela m'intéresse. Mais il faut savoir que moins c'est cher, plus c'est difficile à faire : une brosse à dents comme celle-ci, c'est quatre ans de travail. Je suis très content d'ailleurs, parce que, après avoir fait une brosse à dents dont les journaux ont dit qu'elle ressemblait à un balai à chiottes, j'ai fait un balai à chiottes qui ressemblait à une brosse à dents !

[...]

Marjorie : Pourquoi tes brosses à dents, elles sont bizarroïdes ?

Philippe Starck : Parce que ce sont les autres qui sont bizarroïdes. La mienne, elle est juste. Les autres sont bizarres.

Marjorie : La mienne, elle est normale.

Philippe Starck : C'est toi qui le dis. Moi je dis que c'est la mienne qui est normale !

Marjorie : Ça veut dire quoi normale et bizarroïde ?

Philippe Starck : Ben justement, cela prouve que ça ne veut pas dire grand-chose. Puisqu'on croit tous les deux que notre brosse à dents est normale.

[...]

Arnaud : Qui es-tu Philippe Starck ? Qui es-tu ?

Philippe Starck : Moi, je suis n'importe qui. C'est-à-dire quelqu'un d'un petit peu paresseux, pas très malin, qui vit comme les autres et qui, en se promenant, voit des choses qui lui plaisent ou pas. [...] Je suis resté longtemps tout seul dans une chambre ; je me cachais sous des journaux, des tonnes de journaux. Et puis au bout de deux ans, je suis ressorti et j'ai compris sans réfléchir que la seule façon d'exister pour moi, c'était de sécréter, autour de moi, comme une sorte de bave de crapaud, des objets de ma création. Parce qu'en fait, comme l'homme invisible, on me voit seulement quand j'ai des objets autour de moi. Et le jour où je ne serai plus capable d'en faire – parce que malgré tout, sauf exception, en vieillissant on devient con – je disparaîtrai. Je n'existe quasiment que par ce que je fais. En dehors cela, je suis un imbécile notoire.

Robert : Pour moi, non.

[...]

Emmanuelle (regardant les photos) : C'est qui ces gens-là ? Brigitte ?

Philippe Starck : La grande, c'est ma femme, mais qui est morte. Nul n'est parfait. [...] Elle y est passée. Je l'ai usée.

Marjorie : Tu n'en as plus, de femme ?

Philippe Starck : J'ai une fiancée. Que je suis en train d'user aussi.

Emmanuelle : La photo, elle était dedans. Il n'y a pas longtemps qu'elle est morte ?

Philippe Starck : Non, elle a dû mourir il y a trois ans. C'est des aventures terribles de mourir. Mourir, ça n'a pas l'air d'être drôle.

Nathalie : Est-ce que tu serais capable, en parlant d'objet, de griller un poisson dans un grille-pain ?

Philippe Starck : Oui, il y a des barbecues de table qui sont des grille-pain qui portent un autre nom.

Nathalie : Ça s'appellerait en fait des grille-poisson.

Philippe Starck : Oui, c'est faisable. La seule différence, c'est que cela serait un peu plus difficile à nettoyer. Mais c'est le même produit.

[...]

Nathalie : Est-ce que vous seriez capable de transformer une table à repasser en bureau ?

Philippe Starck : Eh bien, il suffit d'y mettre un papier et un crayon. Il n'y a que la façon de s'en servir qui change. Le tout, c'est de savoir ce qu'on veut en faire. C'est un peu tout d'ailleurs dans la vie. [...] Un désavantage peut être transformé en avantage et avoir trop d'avantages peut être transformé en désavantage.

[...]

Philippe Starck : Arnaud ne me pose jamais de questions. Cela m'énerve parce que je vois dans les interviews, il en pose tout le temps. Et à moi il n'en pose pas. [...] Il est de mauvaise humeur, c'est à cause de moi.

Arnaud : Tu sais, Philippe, tu as le même nom et le même prénom que quelqu'un qui est venu dans l'établissement quand j'y étais tous les jours. Il s'appelait Philippe Starck. C'était un autre Philippe Starck.

Philippe Starck : Ah c'est drôle, ça ! Parce qu'il n'y a pas beaucoup de Starck ! Et c'était STARCK ou STARK ?

Arnaud : STARCK.

Philippe Starck : C'était peut-être moi...

Driss : Non, non. C'est un éducateur.

Arnaud : Philippe Starck, tu n'es pas de ma famille de Johnny Stark, l'impresario de Mireille Mathieu ?

Philippe Starck : Non, lui il n'a pas de « c ». Au début, quand j'ai commencé, tout le monde me disait : « Tu n'es pas de la famille de Johnny Stark ? » Cela m'énervait un petit peu. Et peu de temps avant que Johnny Stark disparaisse, on lui demandait s'il n'était pas de ma famille, ce qui l'énervait beaucoup plus !

[...]

Driss : Nathalie, une question ?

Nathalie : Non, aucune question.

Philippe Starck : Eh bien, je ne vous inspire pas.

Nathalie : Je fais ce que je peux. Je ne suis pas très forte en interviews.

Philippe Starck : Cela tombe bien. Parce que si tu étais forte en interviews, cela voudrait dire que tu es journaliste. Et je peux te dire que ce n'est pas ce qu'il y a de plus gai au monde. Tu as échappé à cela !

T

Tatouage

« Une fois que FF s'est fait tatouer, il va garder ça toute sa vie. Son père n'est pas content. Il va gâcher son corps. [...] C'est un miracle que Renaud se soit fait tatouer parce qu'il n'est pas trop bête pour ça. »

Arnaud, juin 1993

★

Rencontre avec Bruno, tatoueur à Pigalle (juin 1993)

Arnaud : Tu tatoues les gens ?

Bruno : C'est mon métier.

Arnaud : Eh bien, vois-tu Bruno, moi je ne voudrais jamais me faire tatouer. Tu ne m'obligeras pas ?

Bruno : En aucune façon.

Arnaud : Ma mère ne veut pas que je me fasse tatouer.

Bruno : Aucune mère n'aime que son enfant se fasse tatouer.

Arnaud : Et toi Bruno, est-ce que tu es tatoué ?

Bruno : Non !

Arnaud : Ah, et pourquoi ? Dans mes revues de tatouage, tous les tatoueurs sont tatoués, et même des fois, c'est pas croyable ce qu'ils sont tatoués ; il sont tatoués pour ainsi dire comme ils le sont, c'est-à-dire partout.

★

Rencontres avec Zazie, chanteuse (mai 2000, puis janvier 2010)

Arnaud : Mais Zazie, pourquoi tu es tatouée ?

Zazie : Je ne porte pas de bijoux parce que je les perds tout le temps donc je me suis dit, je vais me coller un bijou que je ne perdrai jamais.

Arnaud : Comme il y a plein de jeunes filles qui ont le même genre de coiffure que toi qui se font tatouer, tu as donc une tête qui appelle le tatouage.

Zazie : Tu veux dire que j'ai une tête de jeune fille tatouée ?

Arnaud : Ta tête appelle le tatouage, même si tu n'étais pas tatouée. Est-ce que je peux toucher ton tatouage ?

Zazie : Oui, c'est comme la peau.

Arnaud : Tu n'aimerais pas te faire tatouer jusqu'à ce que ton corps soit recouvert de tatouages ?

Zazie : Non, je n'aimerais pas.

Arnaud : Tu aurais pu aussi ne pas te faire tatouer.

Zazie : Oui.

Arnaud : J'ai horreur des tatouages.

[...]

Arnaud : Zazie, c'est quoi ce que tu as sur le doigt ?

Zazie : Un tatouage, Arnaud !

Arnaud : On dirait que tu t'en es fait un autre !

Zazie : Un autre ? Tu ne l'avais pas vu celui-là ?

Arnaud : Celui sur le doigt, non. Tu l'as depuis combien de temps, celui qui est sur ton doigt, à part celui qui est sur ton bras ?

Zazie : Je crois que je l'avais déjà quand on s'était vus ; mais peut-être que je cachais mes mains...

Tout à trac

Sébastien : « C'est bien qu'il y ait des mauvais films, sinon ça ne serait plus drôle après ! »

Décembre 2001

★

Arnaud : En 1976, tu avais quel âge ?
Marc Lavoine : Je devais avoir 14-15 ans. Pourquoi ?
Arnaud : C'est l'année où un chien m'a poursuivi.

Mai 1992

★

Arnaud à Jean-Jacques Goldman : Sur cette photo-là, comment ça se fait que tu as l'air malin ?

Décembre 1992

★

Arnaud : Pourquoi chantes-tu en français ?

Dave : En néerlandais, on a l'impression qu'il y a deux ours en train de manger.

Décembre 1997

★

Laurent : Comment vous savez que vous êtes la fille de votre père ? C'est naturel ou contagieux ?

Romane Bohringer : Je ne sais pas...

Mai 2000

★

Carole : « Quels sont les travailleurs les plus riches du monde ? Les chômeurs, parce qu'ils sont multimillionnaires par leur nombre. »

Décembre 1997

★

Anne Giraud-Sauveur : France Telecom a une fondation, c'est une structure particulière qui fait du mécénat. On essaie d'aider les gens.

Saïd : À téléphoner ?

Mars-avril 2002

★

Laurent : Est-ce que tu aimes te réenvelopper ?

André Dussollier : C'est quoi se réenvelopper ?

Laurent : Envelopper comme un cadeau. Comme ça, les femmes t'embrassent.

Mai 1991

★

Sébastien à Hervé Di Rosa : « Tu devrais faire un autre métier parce que tu sais, tout le monde ne peut pas acheter de peinture. »

Mars 1995

★

Arnaud : « Je n'aime pas les pièces de Molière parce qu'on vouvoie dedans. »

Juin 1999

★

Nathanaël : Est-ce que ça te gênerait si on te demandait combien tu gagnes en francs ?

Zinedine Zidane : Oui, parce que ce sont des choses personnelles.

Nathanaël : Moi, j'aime bien convertir en lires, c'est pour ça que je te demande.

Décembre 2003

★

Esther : J'ai fait ton portrait, Zidane ! Est-ce que c'est toi, Zidane ?
Zinedine Zidane : Il a beaucoup de cheveux...

Décembre 2003

★

Arnaud : « J'aime le mardi, c'est déjà bien repris, et c'est un jour ours. J'aime le samedi, parce que c'est le week-end. Je n'aime pas du tout le jeudi ni le mercredi aussi parce que c'est la veille du jeudi. »

Mai 2004

★

Arnaud : « Pourquoi, en France, on tutoie Jésus et on vouvoie Dieu ? »

Mars-avril 2002

★

Bartabas : Comment les chevaux sont préparés ? C'est assez long. C'est un travail d'écoute. Je n'aime pas parler de dressage. J'écoute les chevaux, je les regarde... J'essaie de comprendre comment ils sont faits, qu'est-ce qu'il y a d'intéressant chez eux, qu'est-ce qui nous touche en eux...
Nathalie : Comme le ferait en quelque sorte un psychologue !

Bartabas : ?

Nathalie : C'est-à-dire, vous prenez un cheval comme il est, vous ne cherchez pas à le changer !

Mars 1995

★

Professeur Taquet [directeur du muséum d'Histoire naturelle] : Sais-tu à quoi servent les rayures de zèbre ?

Vera : À les cacher, et effectivement, lorsqu'il y a beaucoup de soleil et qu'ils bougent un peu, les zébrures bougent un peu et ainsi, on ne les voit plus du tout.

Janvier 1994

★

Nathanaël : C'est quoi ton type de gens préféré ? Moi je suis roux aux yeux marron, mon amie est rousse aux yeux bleu clair.

Jean-Pierre Bailly [président du groupe la Poste] : Ce n'est pas tellement l'aspect qui compte, c'est ce que sont les gens.

Nathanaël : Nous savons tout cela. Mon amie mesure 1,77 m et veut l'égalité pour l'humanité, alors que moi, je veux être le premier !

Mars 2005

★

Camille : J'ai été diagnostiquée agnostique.

Paola R. : Et c'est un diagnostic qui te convient ?

Camille : Je crois oui. Mais je n'aime pas les mots en « - iste », « - ique ». Il en faut, mais pas trop quand même.

Driss : Moustique !

Camille : Ah, moustique, ça va !

Janvier 2010

★

Nathanaël : Vous êtes née en 1974. Ton père, c'est bien François Mitterrand ?

Mazarine Pingeot : Absolument !

Nathanaël : Mais il a 58 ans de plus que toi, comment cela se fait-il ?

Mazarine Pingeot : C'est possible de faire encore des enfants à 58 ans. C'est l'avantage d'être un homme...

Nathanaël : Tu serais sa fille cachée, pourquoi ?

Mazarine Pingeot : C'est une vaste question. Ce n'est pas à moi d'y répondre.

Janvier 2010

★

Arnaud : Avant, je ne t'avais jamais vue en vrai. Je vois souvent des célébrités dans le *Télé 7 jours*. Est-ce que je vais te voir dans le *Télé 7 jours* de demain qui sort habituellement le lundi ?

Valérie Lemercier : Je ne sais pas si je suis dans le *Télé 7 jours* de demain.

Arnaud : Il y a peu de chance, tellement il y a de gens.

Rafaël : C'était comment les années 80 ? C'était moderne ou c'était ancien ?

Valérie Lemercier : C'était beaucoup moins moderne qu'aujourd'hui. Par exemple, moi, je n'ai commencé à utiliser un ordinateur qu'en l'an 2000.

Janvier 2010

★

Raphaël : Est-ce qu'on peut vendre des médailles qu'on a gagné ?

Marie-José Pérec : Moi, je ne les vendrai pas. Même si elles sont à la cave, ça ne me viendrait pas à l'esprit de les vendre.

Janvier 2010

★

Carole : Quelle est la profession qui soutient le mieux les partis ?

Ivan Renard [Sénateur PCF] : Je ne comprends pas bien la question.

Carole : Ce sont les fabricants de soutien-gorge et de slips.

Ivan Renard :... et de vestes électorales aussi, alors !

Carole : Ils soutiennent la gauche et la droite, ce qui les met en ballottage.

Décembre 1997

« Et Claude François, tutoyait-il sa secrétaire ? »

Même s'il y a une grande différence d'âge et que la personne n'est pas de votre famille et que le normal est le vouvoiement dans un pays, ON PEUT TUTOYER cette personne si elle veut bien qu'on la tutoie, même si c'est quelqu'un d'important ; il faut d'abord lui demander son avis.

Moi, j'aime énormément le tutoiement, mais le vouvoiement, alors là, pas du tout, même pas un peu.

Je ne supporte pas qu'on dise vous à quelqu'un parce que ça pourrait ne pas le gêner qu'on le tutoie...

Arnaud, mai 1992

★

Arnaud : Tu sais Barbara, j'aurais trop peur que Claude François ne tutoie pas sa secrétaire.

Barbara : Il ne la vouvoyait pas, il la tutoyait.

Arnaud : Barbara, je peux te demander s'ils se tutoyaient tous les deux ?

Barbara : Absolument.

Arnaud : « Alors, Nicole, tu vas nous la faire, cette lettre ? »

Barbara : « D'accord, Claude, je vais vous faire cette lettre tout de suite. Je vais TE faire cette lettre immédiatement. »

Arnaud : « C'est bien Nicole, tu te débrouilles comme une grande. » Barbara, est-ce que tu es bien sûre que Claude François tutoyait sa secrétaire ?

Barbara : Je l'ai vu un jour au studio où j'enregistrais. Et alors qu'il travaillait, il a dit à sa secrétaire : « Nicole, va chercher les sandwiches. »

Mai 1996

★

Arnaud : Est-ce que je peux te tutoyer ?

Zinedine Zidane : C'est ce que tu fais depuis tout à l'heure, tu peux continuer.

Arnaud : Moi aussi, je voudrais que tu me tutoies !

Zinedine Zidane : D'accord, c'est ce que je fais aussi depuis tout à l'heure.

Décembre 2003

★

Rencontre avec Marie-George Buffet, secrétaire national du parti communiste français (septembre 2009)

Arnaud : Les femmes politiques et les hommes politiques entre eux, ils se vouvoient ou ils se tutoient ?

Marie-George Buffet : Moi, je tutoie mes camarades, mais je vouvoie les autres hommes politiques. Mais je n'aime pas trop la familiarité.

Arnaud : Et Chirac, tu le vouvoies ou tu le tutoies ?

Marie-George Buffet : Je vouvoie le président de la République.

Arnaud : Si tu pouvais le tutoyer, tu le tutoierais ?

Marie-George Buffet : Non, parce que j'estime que la fonction de président de la République fait qu'on doit le vouvoyer, c'est une forme de respect.

Arnaud : Une dernière chose, si Monsieur Chirac vous autorisait à le tutoyer, vous pourriez le tutoyer ?

Marie-George Buffet : Si tu veux absolument que je tutoie Chirac alors à la limite, je tutoierai Chirac.

★

Stéphanie, courrier des lecteurs

« Félicitations à tous et un petit bonjour à Arnaud dont j'aime beaucoup les poèmes et les interviews. Pour son information je suis née le 10 novembre 1970, il peut me tutoyer, j'aime bien les jeans et les pantalons et j'aime beaucoup ce qu'il écrit. »

★

Rencontre avec Howard Buten (juin 1999)

Howard Buten : Arnaud, est-ce que tu es allé dans une école normale ?

Arnaud : Non.

Howard Buten : Tu regrettes ou pas ?

Arnaud : Non, pas spécialement.

Howard Buten : Pourquoi tu ne regrettes pas ?

Arnaud : Comme ça.

Howard Buten : Ça ne t'intéresse pas d'être dans une classe, derrière un pupitre, avec un prof devant ?

Arnaud : À condition que je puisse tutoyer le prof.

Juin 1999

★

Driss : Arnaud, serais-tu candidat ?

Arnaud : Ah non, si je suis élu, je serais obligé de vouvoyer des gens.

Driss : Mais si tu es élu, tu pourrais interdire le vouvoiement.

Arnaud : Ah non, je n'aime pas ce qui est obligatoire.

Mars 1995

★

À Arnaud

Tu me dis « tu »
Yeux bleus
Blond entre tes cheveux.
Je te dis « vous »
Regarde l'oiseau,
Il ne dira pas « tu »
Il te dira :
« Viens, on s'envole ! »
Et toi, tu ne diras plus jamais « tu »
En parlant de vous.

Robert, juillet 1994

V

Simone Veil

Rencontre avec Simone Veil (janvier 2010)

Grégory : Ton prénom, c'est Simone.
Simone Veil : Oui, Simone.
Grégory : Tu fais quoi comme métier ?
Simone Veil : J'ai eu plusieurs métiers. J'ai été magistrat pendant longtemps...
Grégory : C'est un beau métier ?
Simone Veil : C'est un très beau métier, d'être magistrat. Et ensuite, j'ai présidé le Parlement européen pendant un certain temps. Après, j'ai occupé un certain nombre de postes de ministre...
Grégory : Être ministre, c'est un beau métier ?
Simone Veil : Ça donne beaucoup de travail, beaucoup de responsabilités. Mais ça permet aussi de faire un certain nombre de choses, si on les fait avec intérêt, avec cœur et surtout avec équité.
Sarah : Quelles choses avez-vous faites comme ministre de la Santé ?
Simone Veil : Je crois qu'une des choses que j'ai faites assez rapidement, c'est de faire en sorte que les autistes n'aillent plus dans les hôpitaux psychiatriques. Qu'on conçoive pour eux de petits cercles où ils puissent vivre simplement ensemble, ou que, dans

ces petites maisons, des responsables s'occupent d'organiser la vie...

Nathanaël : Tu es née en 1927 et tu as été arrêtée en 1944 ; et tu as été ministre de la Santé de quand à quand ?

Simone Veil : J'ai été ministre de la Santé de 1974 à 1979, ensuite j'ai été au Parlement européen, et puis de nouveau ministre de la Santé en 1993...

Thomas D. : C'est quel mois, votre anniversaire ?

Simone Veil : C'est au mois de juillet. Le 13 juillet. Quand j'étais enfant, je croyais que le feu d'artifice était pour moi. J'étais très heureuse.

Thomas D. : Pourquoi on ne voit plus Philippe Seguin en ce moment ?

Simone Veil : Il travaille à la Cour des Comptes et il a beaucoup de travail.

Thomas D. : Et Charles Pasqua ?

Simone Veil : Pour l'instant, il attend un peu ce qui va se passer...

Alexandre B. : Maintenant que vous avez arrêté toute activité politique, que faites-vous ?

Simone Veil : Je suis très occupée. Beaucoup de gens m'écrivent. En général, les gens vous écrivent quand ils ont besoin qu'on les aide. Quelquefois, le simple fait de leur écrire et de répondre leur donne confiance en eux.

[...]

Sarah : En quelle année avez-vous été déportée ?

Simone Veil : J'ai été arrêtée et déportée en 1944. Presque toute ma famille a disparu. Mais il y a une chose que je voudrais vous dire : j'ai été déportée, ma famille n'est pas rentrée, et j'ai cependant toujours souhaité que nous nous réconcilions avec les Allemands parce que quelle que soit la vie qu'on mène, si nous ne maintenons pas la paix dans notre pays, les guerres sont les pires des malheurs. Aujourd'hui, ce que je ressens très fort et que, je suis sûre, vous pouvez tous comprendre, c'est que le fait que tous les Européens se soient réconciliés fait que, quelles que soient les conditions dans lesquelles ils vivent, ils profitent de cette réconciliation.

Yohan : Simone, tu vas nous manquer.

★

Simone Veil vue par Anselme

Simone Veil
Introduit
Sur une loi mise en place
Partant d'un homme désespéré
De sa peur de l'hôpital psychiatrique.
Elle parle de sa lutte
Pour la création d'établissements
Spécialisés.
J'aime cette parole sage
Car elle éloigne de la case.
Puis elle se livre sur son livre,
Son autobiographie
Douleur, richesse qui provoquent
Témoignage
Femme déportée
Emportée
Par le nazisme
Famille éteinte
Mais pas tout à fait
Comme sa carrière
Rien n'est fait

Le combat continue
Face aux difficultés de ce monde
Avec qui elie correspond
C'est une lumière dans
Le noir car elle connaît l'obscurité
Elle a la bougie
Pour que les choses
Puissent changer.

Janvier 2010

La vie, la mort, la résurrection

La résurrection

Je suis très tracassé par la résurrection
J'ai très peur de la vie
J'ai très peur de ma vie
J'ai très peur de la mort.
La fée des médicaments est morte.
Je voudrais retourner dans les âges que j'aime
Pour ne plus avoir peur.

François de C., décembre 2001

★

Rencontre avec Jacques Chirac, président de la République (mars-avril 2002)

François de C. : Jacques Chirac, c'est quoi la vie, la mort, la résurrection ? Je suis un peu angoissé, Jacques Chirac.

Jacques Chirac : Je comprends très bien qu'on soit un peu angoissé. La vie existe, nous sommes là. Naturellement. Tu vois François, quand il y a la vie, il y a forcément la mort. Et il y a des hommes qui pensent qu'après la mort, il y a quelque chose, que la mort, ce n'est pas seulement la disparition.

★

Rencontre avec Pedro Meca, fondateur de l'association « Les Compagnons de la nuit » (mai 1996)

Marjorie : Est-ce que tu as des frères et des sœurs ?

Pedro Meca : J'avais un frère.

Marjorie : Comment il s'appelle ?

Pedro Meca : Il est mort.

Arnaud : Est-ce qu'il aurait aussi bien pu ne pas être mort, ton frère ?

Pedro Meca : Il est mort.

Arnaud : Mais c'est surtout quand on est vieux qu'on est mort ; c'est ça que je ne comprends pas.

Pedro Meca : Non, ce n'est pas vrai, il y a beaucoup de jeunes qui meurent aussi. Je crois que ça dépend un peu des circonstances de ta vie.

Arnaud : Quand on est jeune, quand on n'a pas de maladie, en principe on ne meurt jamais.

Pedro Meca : En principe, j'aimerais bien que ça soit vrai.

★

Carole n'est plus là.

Carole, reste encore avec nous un peu.

Cela fait exactement un an que tu es partie,

Cela fait exactement un an que *Le Papotin* ne sort pas !

Carole, tu es venue un jour, et tu es revenue tous les mercredis,

Pendant presque dix ans,
À Antony d'abord,
Puis c'est le Lucernaire,
Et nous avons voyagé aussi.
Tu étais très belle,
Tu as toujours été très belle, même ronchonnante,
Parce que même indignée, ronchonnante ou en colère,
Tu gardais toujours un fond de sourire aux lèvres et une lumière dans tes yeux.
Tu scotchais tout le monde,
Chaque personne qui a pu te rencontrer était surprise de la simplicité et de l'évidence de tes propos.
Tu portais le plus souvent un regard juste sur le monde.
Puis il y a eu la maladie,
Celle saloperie a eu gain de cause, sur toi comme sur d'autres.
Le jour où tu t'es éteinte,
Je suis arrivée quelques secondes après.
Il y avait ta sœur avec toi
L'éduc'de Cormeilles est arrivé juste après aussi
Nous étions là autour de toi
Tu étais belle
Enfin tu ne souffrais plus.
Je t'ai regardée et cette fois-ci, j'ai ri sans toi, avec toi, « tout roule comme sur des roulettes » était écrit sur ta chemise de nuit, alors depuis, on cherche à faire tout comme.

Paola R., septembre 1997

*

Carole est décédée.
Elle était trop jeune pour mourir.
Elle n'a pas été faire sa retraite.
Elle n'avait pas de cheveux blancs.
Elle ne peut plus bouger.
Elle est enterrée.

Gildas, septembre 2007

*

La vie c'est comme ça

La vie c'est comme ça
Ça sent le roussi
Mais on dit qu'ça va passer
Pour se rassurer
Pour essayer d'assumer
La pression
Le stress, l'oppression,
L'agression
Vie agressive
En définitive
On fait un grand sourire
Pour cacher le mot souffrir
Et on se met à rire
Alors qu'le monde est en train
D'pourrir
Certains se désaltèrent

Boivent l'apéro
Alors que dans de nombreux pays
Y a même pas d'eau
Et on endosse, endosse tout ça
Pour ma part j'ai mal
Au dos
Et les yeux restent clos oui
Restent clos
La vie c'est comme ça
Demain ça ira
Tu verras
Maintenant dors dors et
Oublie tout ça
Et rêve rêve
Oublie que le monde crève
Rêve
Histoire d'oublier le cauchemar
Qui nous rend malade
Dans le mal
On se balade
Loin de la paix
Et des pays sages
Et photographie
Les beaux paysages
J'ai mal au cœur
Face aux mauvais discours
Et les hommes ne marchent plus
Mais bien courent
Mais la vie c'est comme ça
Et si tu danses on le dira
On priera le Coran, la Bible
Ou la Torah

Et on oubliera oubliera
Orage dans mon âme
J'ai mal si mal comme enfermé
Dans une cage pour comprimer ma rage
Et je crains le naufrage
Le jour où de la vérité on lira
Cette page
Et on sera honteux, triste
Et plein de crainte
Mais qu'est-ce que la vérité
La vie c'est comme ça
Ça craint
Allez prends ta douche
Oublie la crasse
La vie c'est comme ça
Y a la misère
Et les malices

Anselme

Les voitures d'Arnaud

Je l'appellerais bien ma Renault car quand on dit son nom, on dit le même mot que la nouvelle voiture qui devait sortir chez Renault, qui ne s'appelle pas Maurane, qui s'appelle Laguna, mais ça ne s'écrit pas pareil : la voiture dont ils avaient le projet c'est M O R A N E. Elle a un aspect drôlement sympathique à l'intérieur.

Juillet 1994

★

Rencontre avec Marc Lavoine (mai 1992)

Arnaud : Comme moi je compare les gens et les voitures, toi, comme voiture, je trouve que tu ressembles à la Peugeot 605, quant au chanteur Daniel Balavoine, qui est mort cette année ça ferait six ans, il ressemble à la Peugeot 505.

Marc Lavoine : Et Costa, tu as pensé à quelle voiture il ressemble ?

Arnaud : Non, je n'y ai pas pensé. Par contre, Catherine, elle, elle ne ressemble à aucune voiture, elle ressemble à un gratte-ciel moderne. Lui Gainsbourg, il ressemble à l'Opel Astra. Par contre Alain Souchon ressemble à l'ancien modèle Rover 825.

[...]

Arnaud : Je ne me rappelle plus pourquoi tu n'as pas de voiture ?

Marc Lavoine : Parce que je n'ai pas de permis...

★

Ouvrez les capots !

Je m'intéresse beaucoup aux voitures.

La chose à laquelle je fais le plus allusion, c'est la manière dont s'ouvre le capot des voitures. Par exemple, je sais que Citroën, ça ne s'ouvre que d'avant en arrière, déjà du temps où ça dépendait pour les autres marques. Autrefois, Renault, ça dépendait. Peugeot, il n'y a que quelques modèles qui s'ouvrent en sens inverse.

Opel, la même chose. Par contre Rover, il n'y a qu'un seul modèle qui s'ouvre d'arrière en avant : c'est la Rover 3500 ou 2600. Volkswagen, c'est pareil, c'était la K70. Simca, du temps où ça existait, ça dépendait des modèles si ça s'ouvrait dans un sens ou dans l'autre.

Mais Austin, du temps où ça existait, ça ne s'ouvrait aussi que d'avant en arrière. Audi, c'est pareil. Daewoo, encore la même chose.

Mais Ford, c'est exactement comme Opel et Peugeot...

Décembre 2001

Voyages

Les voyages avec les Papotins sont de véritables aventures qu'il faut construire de la façon la plus simple et définir de la manière la plus claire possible. Ainsi, aller au Maroc, c'est aller chez Driss, et à Los Angeles, c'est aller voir de plus près les pieds de la « jeune-fille-dame » Tori Spelling, actrice plus connue sous le nom de Donna, son personnage dans la série télévisée « Beverly Hills ». On agrémente le projet avec de la culture, du tourisme, avec ce qu'on veut, mais il faut avant tout se tenir prêt à être supris en permanence !

Voyage au Maroc, mai 1996

« Au Maroc, le dimanche, on coupait la tête des poules pour en faire des poulets. Je ne retournerai pas au Maroc, car les soirées étaient bien trop longues pour moi. [...] Driss, ta mère est très gentille, mais pourquoi nous accueille-t-elle en chemise de nuit ? »

Arnaud

★

Ces portes sont belles comme l'Évangile… Elles sont fidèles… Elles s'ouvrent comme des CD !

C'est où l'on mange le coucous et des merguez et de la viande aux légumes et au poulet. Avec un peu de sel, un peu de poivre, le Maroc, c'est très beau. Ils sont en train de prier et ils discutent de ce qu'ils vont faire. Ils sont en train de marcher dans le désert et ils traînent dans le sable et ils regardent le soleil.

Si tu vas au Maroc, on te servira le petit-déjeuner, on t'embrassera, tu feras la fête, tu danseras avec les juifs, tu verras des Arabes partout, tu vas bien manger, tu vas bien boire un coup et tu iras dormir avec ta clé dans la chambre 717. C'est bien le Maroc. C'est sympa… Au Maroc, il y a du poisson marocain, de la viande marocaine, des carottes marocaines, du barbecue marocain… J'ai vu de la musique dans le marché marocain de pommes de terre…

Au Maroc, il y a plein de Mercedes, des Simca Horizon, des petits taxis rouges, des petits taxis bleus et jaunes écrits en arabe, beaucoup d'autocars, beaucoup de camions…

Pour y arriver, on s'est envolés et le soleil était blanc, là-haut, sur les nuages.

Laurent

★

Le Maroc

C'est où on mange le couscous et des merguez et de la viande aux légumes et au poulet.

Avec un peu de sel, un peu de poivre, le Maroc c'est très beau.

Ils sont en train de prier et ils discutent de ce qu'ils vont faire.

Ils sont en train de marcher dans le désert et ils trainent dans le sable et ils regardent le soleil.

Ils sont très contents et ils sont heureux et ils se battent avec des épées pour se défendre contre la guerre.

L'arabe dit : « Arrêtez s'il vous plaît de vous bagarrer, on n'est pas violents tout de même. Allez serrez-vous la main ! »

Ils montent sur des chameaux et ils vont voir le paysage.

Alors l'arabe dit « Un orangina, s'il vous plaît ! » et il met les couverts.

Ils ont un bateau, ils sont à la mer là où il y a des poissons.

Ils pêchent des crabes, ils pêchent des crevettes, des huitres, ils pêchent des crocodiles et ils voient des cailloux.

Et ils parlent très bien l'arabe, ils ont une école. Ils sont à l'armée « Garde à vous ! » « Repos ! »

C'est vrai, ils prient à genoux et disent : « Pardonnez-moi Seigneur. »

Ils se rasent, se mettent du parfum pour être prêts pour aller au boulot.

Et ils sont gentils.

Ils sont sympas.
Ils sont au château oriental.
Ils sont nouveaux.

Laurent

★

Voyage à Los Angeles, décembre 2001

Hollywood, les studios de cinéma, Beverly Hills et ses stars, Venice Beach, les palmiers, les boardwalks et ses tatoueurs ; curiosités en tous genres. Le partage des instants, des visions particulières, des références à son monde, tout cela crée une multitude de petites richesses qui nous rassemblent tous. Impression magnifique, nous sommes un groupe.

Françoise Jousselin

★

L'Amérique

C'est Amicalement vôtre, Columbo,
Serpico, Starsky et Hutch.
C'est Ray Charles, Louis Armstrong,
C'est Crocodile Dundee,
C'est Tarzan,
C'est Zorro qui aime les femmes
D'un amour de gentillesse.

C'est Los Angeles, Supercoptère,
Tonnerre mécanique.

C'est l'île fantastique
C'est Magnum,
C'est Eddy Murphy,
C'est Madame est servie.
C'est Elvis Presley, les Rolling Stones.

Les Américains sont comme Howard Buten
Ils sont blancs, ils sont gentils,
Kojak, la Petite Maison dans la prairie
Et les Envahisseurs.

Laurent

★

Pourquoi je ne veux pas aller à Los Angeles

Je veux que ce soit le dernier voyage. Après, c'est terminé ! C'est pas pour refuser, c'est parce que je n'aime pas les déplacements.

Je n'aimerais pas non plus faire du rugby, ni de la boxe.

Je ne veux pas me faire tatouer.

J'ai peur que l'avion tombe dans la mer et que le requin le morde, et comme ça a des dents puissantes, les requins, qu'il fasse craquer cette partie de l'avion avec ses dents et qu'il me morde et que je sois blessé.

Je ne veux pas non plus cracher du feu ni qu'on me fasse de piercing.

Ce voyage pour moi, c'est l'enfer.

Par contre, j'aimerais dire à Tori Spelling qu'elle est une jeune-fille-dame[1].

J'aimerais aussi lui demander si je peux la tutoyer, l'appeler par son prénom, ensuite lui demander son âge, et quand est son anniversaire, où elle habite, si elle est mariée.

J'aimerais lui dire : « Toi Tori, toi Tori, toi ! » par affection.

Arnaud

★

Les Chinois

Les Chinois sont très très bien
Ils marchent
Ils font du vélo
Ça fait un embouteillage
Et ça gueule comme chez nous.
« Caca, pousse-pousse ta Toyota... »

Les Chinois font un peu de musique
Ils prient
Ils parlent en français
Mais les Français ne comprennent pas
Ils mangent du pâté impérial

---

1. « C'est entre jeune fille et dame. Encore que ça ne se dise pas : c'est une jeune fille en forme de dame si on veut. Elle se rapproche d'une dame d'après sa tête. Tandis que Valérie, c'est une jeune-fille-jeune-fille, c'est-à-dire carrément une jeune fille. » Arnaud, « Portraits de femmes », mai 2000.

Et du porc à la sauce aigre-douce.

Les Chinois font du mime
Ils disent :
« Vous êtes très aimable à vous d'être la bienvenue,
Saké ! »

Les Chinois ont les yeux bridés
Ils ont des enfants qui souffrent de maladie
Et du travail bien travaillé.

Les Chinois mangent très bien avec des baguettes.

Chinois, vous êtes formidables !

Laurent, mars 1995

*

Amsterdam

Même cette ville est pleine de gens bizarres, et on n'a confiance en personne. On a dissimulé nos appareils numériques parce qu'il y a plein de criminels et certains commerces possèdent des ventes de cannabis ! Et de plus on porte la sacoche devant nous ! Le soir, on est partis dans un restaurant Pékin où on a dévoré plein de bonnes choses et on a chanté un karaoké. À Amsterdam, il y avait des canalisations !

P.S. Ils n'ont pas su que je suis handicapé : ils se sont moqués de moi pour rien !

Alain H. septembre 2007

WC

Rencontre avec Philippe Starck, designer (mai 1996)

Robert : Comment tu imagines aussi un WC ?

Philippe Starck : Ah ça, c'est très drôle ! Parce qu'hier, j'ai enfin obtenu d'un de mes éditeurs allemands de WC qu'on puisse réinventer cela. Parce que le siège de WC n'est pas bien, pas mieux que la chaise où on est là. Ce n'est pas bien pour le corps ; ce sont des positions complètement archaïques et je crois qu'il faut le réinventer d'urgence. La maladie moderne, c'est d'avoir mal là où je pense et je suis sûr qu'il y a quelque chose à faire là-dedans. Cela montre aussi que ce n'est pas simplement faire des hôtels chics à New York qui est intéressant : c'est s'occuper des choses les plus intimes.

Driss : Peut-on vous donner quelques idées sur les toilettes ?

Philippe Starck : Ah, je ne suis pas contre ; on fait un concours de chiottes si vous voulez !

Emmanuelle : Stéphane serait là, il serait éclaté de rire.

[...]

Nathalie : Est-ce que ça tient de décorer les chiottes avec de la peinture, des dessins partout et de remplacer le siège par une chaise de bureau ?

Philippe Starck : Ben, cela ne va pas faire le même usage !

Nathalie : Si on bouche le trou avec du ciment, cela fait une chaise.

Philippe Starck : Oui, mais après, cela va peut-être te gêner pour l'ancienne utilisation. [...] On peut faire plus simple : on peut creuser un trou dans le sol !

★

Les fous des waters

On visite les waters
Tapisseries et
Peintures du fou des waters
On chante dans les waters
On écoute de la musique dans les waters
On se bagarre avec une crotte dans les waters
On joue de son instrument dans les waters
On passe la soirée dans les waters
On se croit comme chez soi dans les waters
Il y en a qui conversent avec les waters :
« Bon anniversaire, waters, quel âge ça vous fait ?
– 42 ans.
– Ah, vous êtes tout usagé. Il va falloir vous remplacer. »
Il y en a qui ne font que passer dans les waters.
Il y en a qui transportent avec eux, les waters.

Stéphane, juillet 1994

Z

Zazie

Rencontre avec Zazie, chanteuse (mai 2000)

Arnaud : Zazie, ça m'intéresse que ça sente le camcam à tes pieds.

Zazie : Que ça sente le camcam ?

Arnaud : Ça veut dire très doux. Tu n'étais pas obligée de te faire tatouer ?

Zazie : Non, j'en avais envie.

François D. : Zazie me fait peur.

Zazie : Pourquoi je te fais peur ?

François D. : Parce que tu chantes, chantes, chantes et ça fait plein de bruit dans ma tête. Et ce bruit-là s'appelle love love love.

Nadège : Moi, Zazie, la variété, je n'arrive pas à accrocher. Comment tu te situes dedans ?

Zazie : Je ne sais pas. C'est comme quand tu as un pot et on te demande de goûter dedans. Dedans, il y a des cornichons et de la fraise. Alors on ne sait pas ce qu'on doit marquer sur l'étiquette : cornichons ? confiture de fraises ? Mais on ne marque pas « cornichons à la fraise », parce que ça ne se fait pas. Donc je fais des cornichons à la fraise.

Arnaud : Zazie, est-ce que tu voudrais m'épouser ?

Zazie : Je ne sais pas. Pour épouser quelqu'un, il faut le connaître bien. Il faudrait que je sois amoureuse.

Arnaud : Pourquoi es-tu venue au Papotin aujourd'hui ?

Zazie : Parce que j'avais envie de venir papoter avec vous.

[...]

Steve : Zazie, tu es belle.

Zazie : Merci.

Arnaud : Sans être indiscret Zazie, est-ce que tu es croyante ?

Zazie : Pas très. Je crois en les gens, je crois en toi.

Thomas : Tu sais chanter ?

Zazie : Je sais un petit peu chanter.

Arnaud : Claude François, de son vivant, avait l'air de tutoyer sa secrétaire.

Carole : Tout ça, c'est de l'hypocrisie.

François D. : Je veux ton prénom !

Zazie : Zazie !

François D. : Merci Zazie, j'ai bien radoté !

★

Zazie vue par Laurent

Zazie, tu es une très belle chanteuse
Enfin, tu ressembles à une skieuse
J'étais très sympa de ton regard
Très sympa de ton courage
Et je suis très ému de t'avoir vue aujourd'hui.
Tu as beaucoup de volonté
Je te trouve très sympa
Parce que t'as les cheveux marron
Tu es très venue avec tes jambes.

*

Rencontre avec Zazie (janvier 2010)

Driss : Merci Zazie d'avoir accepté notre invitation pour la deuxième fois : vous étiez avec nous pour les dix ans du *Papotin*, et vous êtes avec nous pour les vingt ans. Il y avait déjà Arnaud, Thomas, Alexandre dans notre petite salle d'Antony. Voici le numéro où nous étions ensemble. Vous êtes la fée des anniversaires...

Zazie :... et les Papotins en sont les elfes.

Grégory : Bonjour Zazie, comment tu vas ?

Zazie : Très bien, merci.

Grégory : Tu es chanteuse. Qu'est-ce que vous chantez comme chansons, Zazie ?

Zazie : Je chante plein de chansons. J'en ai même une rigolote qui s'appelle « Je suis un homme ».

Gregory : Ah, vous êtes un homme !

Zazie : Non, pas tout à fait.

Grégory : Et à part ça, vous faites quoi dans la vie ?

Zazie : Je fais les mêmes choses que vous...

[...]

Arnaud : J'aimerais te demander autre chose, pourquoi tu étais pieds nus sur cette affiche ?

Zazie : J'aime bien être pieds nus.

Arnaud : J'avais le droit de m'intéresser que tu sois pieds nus ?

Zazie : Oui.

Arnaud : Oui, étais-tu obligée d'être pieds nus ou pas ?

Zazie : Pas du tout c'est moi qui voulais, c'est comme les tatouages, c'est moi qui voulais.

Zazie : De temps en temps, il y a des groupes avec des noms bizarres, comme ça, il y a un autre groupe qui s'appelle Coldplay.

Alexandre : Ça veut dire « jeu froid ».

Zazie : J'aime bien, de temps en temps, m'amuser à traduire quelques noms, les Rolling Stones par exemple. J'imagine qu'on les présente en français et qu'on dise : « Et maintenant voici les Pierres qui Roulent ! » ou « Voici maintenant le groupe Jeu Froid ! » Mon nom, Zazie, en Corée ça veut dire zizi...

L'éditeur tient à remercier chaleureusement pour leur générosité, leur soutien et leur aide précieuse :

Abdel Aissou, Anne Barrère, Marc Berdugeau, Juliette Bot, Calogero, Frédéric Domenech, Véronique Éboué, Diane Feyel, Serge Khalfon, Sylvie Lancrenon, Jean-Pierre Lavoignat, Pierre-Alain Simon, mais aussi France Télévisions et RTL ;

Tous les artistes, hommes politiques, personnalités de tous horizons qui ont rencontré les jeunes du *Papotin* ;

Toutes les équipes qui travaillent au quotidien avec les jeunes du *Papotin*.

Table

Photocomposition Nord Compo
Villeneuve-d'Ascq

Pour l'éditeur, le principe est d'utiliser des papiers composés de fibres naturelles, renouvelables, recyclables et fabriquées à partir de bois issu de forêts qui adoptent un système d'aménagement durable.
En outre, l'éditeur attend de ses fournisseurs de papier qu'ils s'inscrivent dans une démarche de certification environnementale reconnue.

Cet ouvrage a été imprimé en France par
CPI Bussière
à Saint-Amand-Montrond (Cher)
en avril 2011

35-33-4953-2/01

ISBN 978-2-213-66247-3

Dépôt légal : mai 2011.
N° d'impression : 110997/4.